행복한 인생전환 수업

나는 내 멋대로 살기로 했다

행복한 인생전환 수업

나는 내 멋대로 살기로 했다

최성남 지음

마인드북스

머리말

'아주심기(정식, 定植)'는 더 옮겨 심지 않고 완전하게 심는다는 뜻을 가진 농업 용어다. 아주심기를 위해서는 묘목이나 모종이 튼튼하게 자라도록 하기 위한 '옮겨심기(이식, 移植)'도 필요하다. 한 번 옮겨 심은 뒤에 또다시 옮겨심기를 위해 임시로 심는 '가식(假植)'도 아주심기를 위한 과정이다. 옮겨심기와 가식이 부실하거나 건너뛰게 되면 아주심기를 할 수 없게 되는데, 옮겨심기와 가식은 아주심기의 힘을 돋우는 역할을 한다. 또한, 이 모든 과정이 온전하기 위해서는 바탕이 되는 흙에 거름과 사랑을 주어 흙의 힘을 북돋우어야 한다.

거름과 사랑으로 흙에 힘을 주어 식물이 완전하게 뿌리내리게 도움을 주듯이, 사람도 삶의 목적이 뿌리내리고 실현될 수 있도록 삶에 힘을 주어 스스로를 북돋우어야 한다. 이렇게 힘을 북돋는 과정은 삶의 목적과 꿈을 소중하게 실현해낼 수 있도록 몸과 마음을 건사하게 한다. 우리말에 '주럽'이라는 단어가 있는데, 피곤하고 고단한 증세를 주럽이라 하고, 극도로 피곤하고 고단한 증세가 몰려오는 것을 '주럽들다'라고 한다. 4차 산업혁명, 격변의 시대, 위기의 시대 등 단어만으로도 주럽들게 하는 시대를 사는 우리에게 더불어 필요한 것은 고단한 몸을 쉬게 해 피로를 풀어주어 주럽을 떨쳐내는 쉼과 재충전일 것이다.

급변하는 시대에 발맞추어 따라가기도 힘든 삶을 살아가며, 비록 가진 힘은 약하지만 온 힘을 다해 애쓰며 위기의 시대를 살아 내기 위해 애면글면하고 있는 모습이 우리의 현실이다. 이런 현실에서 행복한 삶은 어떤 삶일까? 스스로 원하는 삶을 찾고 삶의 목적에 따라 사는 삶이 행복한 삶일 것이다. B.C. 400년대의 철학자인 소크라테스도 행복한 삶은 현재, 그리고 나 자신에 있음을 다음과 같은 문장을 통해 언급했다. "행복을 자기 자신 이외의 것에서 발견하려고 바라는 사람은 그릇된 사람이다. 현재의 생활 또는 미래의 생활 그 어느 것에서나, 자기 자신 이외의 것에서 행복을 얻으려는 사람은 그릇된 사람이다. 불행을 겁낼 때 당신은 이미 불행하다. 불행을 가져야 할 자는 영구히 불행을 겁내고 있는 사람뿐이다. 나는 생각한다. '잘 되겠다고 노력하는 그 이상으로 잘 사는 방법은 없으며, 실제로 잘 되어 간다고 느끼는 그 이상으로 큰 만족은 없다.'라고, 이것은 내가 오늘까지 살아오며 경험하고 있는 행복이며, 그것이 행복인 것은 내 양심이 증명해 주고 있는 것이다."

즉, 나로부터 시작하고, 스스로 원하는 삶의 목적에 따라 잘 되기 위해 노력하고 그렇게 느끼는 삶이 행복한 삶이라 할 수 있는데, 안타깝게도 어떻게 해야 원하는 삶을 살 수 있는지 모르기 때문에 하루하루를 힘겹게 사는 많은 사람을 주변에서 만난다. 또한, 우리는 '4차 산업혁명이다, 대변혁의 시대다, 한 치 앞도 내다볼 수 없는 위기의 시대'라는 시대적 변화로 스스로 원하는 삶이 무엇인지 생각할 겨를조차 없이 따라가기만도 힘든 것이 오늘의 현실이기도 하다.

이런 힘든 현실에서 '어떻게 하면 잘 살 수 있을까?'라는 질문과 함께 원하는 삶을 위한 아주심기와 그 과정인 옮겨심기와 가식을 행복하게 할 수 있는 방법을 저자의 경험과 생각들을 묶어 책으로 공유하기로 결심했다.

요즘 주변에서 "꽃길만 걷게 해 주세요."라는 말을 자주 접하게 되는데, 그만큼 꽃길을 간절하게 원하기 때문일 것이다. 그런데 꽃길을 선물처럼 받을 수 있는 사람은 정말 드물다. 그렇다면, 내가 살아 내야 하는 삶의 길을 스스로 꽃길로 만들어 보는 것이 현실적인 대안이 아닐까? 여기 『행복한 인생전환 수업, 나는 내 '멋'대로 살기로 했다』와 함께 목적이 이끄는 행복한 삶의 아주심기를 제안한다.

"울퉁불퉁해 걷기 힘든 길도 꽃을 뿌리면 꽃길이 된다."

2019년 10월

지은이 최성남

차 례

1장

삶은 나만의 멋을 만들어 가는 연습

연탄재 함부로 발로 차지 마라

너는

누구에게 한 번이라도 뜨거운 사람이었느냐

- 안도현, 「너에게 묻는다」 중에서 -

삶이란, 다섯 개의 공을 돌리는 저글링

[더글러스 태프트(Douglas Taft) 코카콜라 전 회장의 2000년 신년사 중]

삶이란, 인생을 공중에서 다섯 개의 공을 돌리는 저글링이라고 상상해 보자.
각각의 공을 일(책에서는 회사), 친구, 건강, 가족, 그리고 나(영혼)라 명명하고, 모두 공중에서 돌리고 있다고 생각하자.
조만간 당신은 일이라는 공은 고무공이어서 떨어뜨리더라도 바로 튀어 오른다는 것을 알게 될 것이다.
그러나 다른 네 개의 공들(친구, 건강, 가족, 그리고 나)은 유리로 되어 있다는 것도 알게 될 것이다.
만일 당신이 이 중 하나라도 떨어뜨리게 되면 떨어진 공들은 닳고, 상처 입고, 긁히고, 깨지고, 흩어져 버려 다시는 전과 같이 될 수 없을 것이다.
당신은 이 사실을 이해하고, 당신의 인생에서 이 다섯 개 공들의 균형을 유지하도록 노력해야 한다.
그럼 어떻게 균형을 유지할 수 있는가?
자신을 다른 사람들과 비교함으로써 당신 자신을 과소평가하지 말라. 왜냐하면, 우리들 각자는 모두 다르고 특별한 존재이기 때문이다.
당신 마음에 가장 가까이 있는 것들을 당연하게 생각하지 말라. 당신의 삶처럼 그것들에 충실하라. 그것들이 없는 당신의 삶은 무의미하다.
과거나 미래에 집착해 당신의 삶이 손가락 사이로 빠져나가게 하지 말라. 당신의 삶이 하루에 한 번인 것처럼 삶으로써 인생의 모든 날을 살게 되는 것이다.
아직 줄 수 있는 것이 남아 있다면 절대 포기하지 말라. 당신이 노력을 멈추지 않는 한 아무것도 진정으로 끝난 것은 없다.

당신이 완전하지 못하다는 것을 인정하기를 두려워 말라. 우리를 구속하는 것이 바로 이 덧없는 두려움이다.

위험에 부딪히기를 두려워 말고, 용기를 배울 수 있는 기회로 삼으라. 찾을 수 없다고 말함으로써 당신의 인생에서 사랑의 문을 닫지 말라.

사랑을 얻는 가장 빠른 길은 주는 것이고,

사랑을 잃는 가장 빠른 길은 사랑을 너무 꽉 쥐고 놓지 않는 것이며,

사랑을 유지하는 최선의 길은 그 사랑에 날개를 달아 주는 것이다.

당신이 어디에 있는지, 어디를 향해 가고 있는지도 모를 정도로 바쁘게 살진 말라.

사람이 가장 필요로 하는 감정은 다른 이들이 당신에게 고맙다고 느끼는 그것이다.

'시간'이나 '말'을 함부로 사용하지 말라. 둘 다 다시는 주워 담을 수 없다.

인생은 경주가 아니라, 그 길의 한 걸음 한 걸음을 음미하는 여행이다.

어제는 역사이고, 내일은 미스터리이며, 그리고 오늘은 선물이다.

그렇기에 우리는 현재(Present)를 선물(Present)이라고 말한다.

지금부터 역사와 미스터리, 그리고 선물 같은 삶을 이루는 다섯 개의 저글링을 저자와 함께 연습해 보자.

가족

삭막한 세상에 '가족적'이란 말처럼 정다운 것이 없다. 타인들끼리지만 형이요, 아우요, 어머니요, 아들이라면 그보다 더 따뜻하고 아름다운 일이 어디 있겠는가? 잘못이 있어도, 서운한 일이 있어도, 한 울타리 안에서 한 핏줄기를 나눈 가족끼리는 모든 것이 애정의 이름으로 용서된다. 즐거운 일이 있으면 같이 즐기고 슬픈 일이 있으면 같이 슬픔을 나누는 것이 가족의 '모럴'이다.

[이어령 / 茶 한잔의 思想]

충분히 인정하고 대화하기

우리 집 서열 1위인 아들의 엄마이자 아내가 추구하는 삶의 방식은 '미니멀 라이프'다. 미니멀 라이프는 일상생활에 필요한 최소한의 물건만을 두고 살아가는 삶의 방식을 말한다. 서열 2, 3위인 아들과 나는 아내의 삶의 방식에 동의할 권한이 없어 무조건 따르고 있다.

그런데 내가 미니멀 라이프에 기를 쓰고 따르지 않는 일이 한 가지 있다. 바로 내 서재다. 아니, 내 책들에 대한 문제다. 아내는 책도 최소한으로 보관하자는 의견이고, 나는 그 반대다. 내 명의의 자산 중에 가장 소중한 것을 꼽으라면, 단연코 책이라고 말할 수 있다. 물론, 집도 내 명의이긴 하지만, 대출을 위한 명의 사용이지 실질적인 소유주는 아내이기 때문에 집에는 그다지 애정을 느끼지 못한다. 그리고 책은 내 삶을 더욱 풍요롭게 해주고, 일의 가치도 더욱 돋보이게 해 주기 때문에 가장 소중한 내 자산이다. 또한, 나의 과거를 돌아볼 수 있는 기억들이고, 꿈을 실현할 수 있도록 도와주는 동료이며, 미래를 준비할 수 있는 자원이기도 하다.

나는 기분이 좋지 않거나 답답할 때 서점을 찾는다. 좀 더 정확히 얘기하자면 책 쇼핑을 하러 서점에 간다. 책장 선반을 가득 메운 책들을 보면, 마음이 편해지고 뿌듯하다. 그런 연유로 내 방을 서재라고 부르며, 오늘도 책장을 채우고 있다. 더불어 책장에 있는 책들은 모두 내 용돈으로 샀기 때문에, 더욱 애정을 갖게 된 것인지도 모르겠다.

그런데 아내는 미니멀 라이프라는 그럴듯한 생활방식을 내세워, 나의 과거·현재·미래인 책들을 정리할 기회를 호시탐탐 노리고 있었고, 정리의 칼춤을 추기 위해 선전포고를 수시로 날리기도 했었다. 선전포고는 늘 이런 식이었다. "이번 주말에 책 좀 정리하자~. 1년 동안 보지 않은 책, 앞으로도 보지 않을 것 같은 책, 대학교와 대학원 다닐 때 공부했던 책인데 지금 필요 없는 책, 그리고 다 읽은 책인데 다시 보지 않을 것 같은 책들을 골라내서 중고서점에 팔든 재활용으로 내놓든지 하자!" 이런 선전포고에 나는 늘, "응~~알았어."라는 대답만 하고, 주말에 실행은 하지 않는다. 책을 정리한다는 것은 내 삶을 정리하는 것과 같았기 때문이다.

그러던 중, 어느 일요일에 일이 터지고 말았다. 아내는 겨울옷을 정리하자며 나를 서재로 이끌었고, 조금 뒤 일어날 엄청난 일은 생각도 못한 채 아내와 함께 서재로 향했다.

그랬다. 아내는 겨울옷 정리를 핑계로 책들을 정리하려고 마음먹고 있었다. 20년 넘게 함께 살아온 아내와 사흘 넘게 대화를 하지 않을 정도로 부부싸움을 크게 한 것도 이번이 처음이었다. 부부싸움은 아내의 철 지난 겨울옷 정리 제안이 시작이었다.

"자기야, 이제 겨울 다 갔으니까 겨울옷 좀 정리하자." (서재에 옷장도

있음)

“알았어. 점심 무렵에 정리할게.”

아내는 마음이 급했는지 말을 이어갔다.

“1년 동안 입지 않은 옷을 버리고, 세탁소에 맡길 옷들 구분 좀 하자.”

“좋아~. 대신 조금만 쉬고 하자고.”

오전 시간이 지나고 점심 무렵이 되어 나는 약속한 대로 아내에게 옷 정리를 하자고 했고 아내는 기다렸다는 듯이 작업지시를 하기 시작했다.

“지난겨울에 입지 않았던 옷부터 골라봐. 버리자.”

“이거, 이거, 이거. 이건 좀 아깝다. 그치? 그래도 한참을 입지 않았으니, 버리자.”

“다 골라냈지? 그럼 남은 겨울옷들은 세탁소로 보낸다.”

“콜~~”

여기까지 나는 아내의 미니멀 라이프에 기분 좋게 동참하고 있었는데, 다음 순간 아내는 숨기고 있던 선전포고를 날려 버렸다.

“책도 버릴 것 좀 골라봐.”

아내의 목소리에 한껏 힘이 들어가 있었고, 불길한 예감이 들긴 했지만, 설마 하는 마음으로 아내의 말에 대답했다.

“책? 왜 갑자기 책이야. 책은 하지 말자.”

“셰익스피어 단편집 앞으로 볼 거야?”

“아니, 이건 버려도 되지. 그래, 버리자.”

“건강검진 결과표도 버려야 해.”

“그러지, 뭐~~”

“버릴 거 또 골라봐.”

아내는 내가 책 정리에 동의했다고 판단했는지 계속 주문을 했고, 나는 이대로 밀리면 꽤 많은 책을 정리해야 할지도 모른다는 불길한 생각에 단호하게 대처했다.

"책은 그만하자. 작년에도 꽤 버렸잖아."

"아니, 맨날 사기만 하고 버리진 않잖아. 버려야 해. 골라봐. 저거 볼 거야?"

"제발 책은 그만하자고~~" (아내와 나는 슬슬 목소리가 커지기 시작했다.)

"이거 볼 거야 안 볼 거야?"

"그만하라고~~책은 좀 그만하라고!"

이렇게 살얼음판을 걷는 것 같은 대화를 주고받던 중, 아내는 "아~ 갑자기 화가 나네!!!" 하며 분노가 섞인 불만을 터트리며 선풍기 바람에 풍선 날리듯 서재를 나가 버렸고, 나도 홧김에 소리를 지르고 말았다.

"됐어!! 그럼 하지 마!!"

일요일 사건 이후, 3일이 지난 수요일이 되어서야 일요일 사건에 대해 아내와 대화를 시도했다.

"자기는 뭐 때문에 그렇게 화가 난 거야?"

아직 화가 풀리지 않은 목소리로 아내에게 물었다.

"나는 자기한테 무시당했다고 느꼈어."

"무시? 내가 자기를? 자기가 나를 무시했지."

"내가 책 한 권만도 못하니까, 자기가 안 버리고 화를 낸 거잖아."

"내가 책을 얼마나 소중히 생각하는 줄 알잖아? 그런 책들을 버리자고 하니까 그랬지. 그래도 몇 권은 버리는 데 동의했잖아. 내가 제발 책은 버리지 말자고 한 말을 자기가 무시한 거지."

"아니, 자기는 날 무시했어. 나는 목표가 한 4~5권은 버리는 거였어. 그런데 딱 두 권 버리고 멈췄잖아."

"잠깐만, 혹시 자기는 내 서재에 들어가기 전에, 옷 정리만이 아니고 책도 4권 이상을 버리겠다는 마음을 먹고 들어간 거야?"

"응, 그래."

사건이 있었던 일요일부터 수요일까지 4일간의 전말을 요약했지만, 아내의 집요함과 주도면밀함에 허를 찔려 버린 충격적인 사건이었다. 이번 우리 부부의 다툼은 가족 내 이해와 배려에 대해 깊이 있게 생각하게 된 계기가 되었다.

그렇다면 가족 간에 이해와 배려는 어떻게 해야 할까? 바로 서로의 차이를 이해하고 배려하는 것이다. 남녀의 차이를 통해 구체적인 방법을 알아보자.

남성들은 지극히 목표 지향적인 성향이 강해서 목표 달성에 집중하고 그 목표를 달성하기 위한 과정에 충실히 임한다. 겨울옷을 정리하자는 '합의된 목표'만을 생각하고, 옷 정리만을 생각하던 내게 갑자기 책을 버리라는 아내의 말은 마치 무방비 상태로 잠을 자고 있는데 느닷없이 공격을 받는 듯한 엄청난 사건이었다.

아마도, 아내와 서재에 들어가기 전에 책 정리에 대해 합의를 했더라면, 부부싸움을 하지 않았을 것이다. 대개, 여성들은 일상의 소소한 것에서도 이해와 배려를 요구하는 섬세한 성향이 있다. '책을 버리자'는 아내의 말에는 아내의 미니멀 라이프에 대한 더욱 적극적인 동참과 아내의 감정 변화에 대한 이해와 배려를 원하는 마음이 함께 녹아 있었을 것이다. 가족 간의 이해와 배려는 남성과 여성이 근본적으로 타고난 성향이 다르듯이, 서로 성격과 상황을 인정하는 태도에서 비롯된다.

아내와 대화를 다시 시작한 수요일 밤에, 나는 아내에게 목표 지향적인 남자의 속성에 관해 이야기했고, 아내도 이해하는 차원에서 부부싸움은 훈훈하게 마무리됐다. 우리 부부의 다툼을 소개하고 보니, 여성분들께 남성들을 대변하고 싶어졌다.

"여성 여러분, 목표 지향적인 단순한 남자들에게 미리 목표를 제시해 주세요." 남녀가 함께 쇼핑을 하는 상황을 통해 다툼없이 쇼핑을 즐기는 방법을 소개해 보겠다.

"자기야, 지금 10시니까 12시까지 쇼핑하고 점심 먹자. 자기 뭐 먹고 싶어? 자기 먹고 싶은 거로 점심 먹고, 1시부터 3시까지 다시 쇼핑하자. 그리고 3시에는 자기 차량 용품 사고 싶다고 했던 거 보러 가자, 어때?"

이렇게 구체적으로 목표를 설정하고 합의를 하면, 단순한 남자들은 이렇게 생각한다. '그래, 1차 목표는 12시, 2차 목표는 3시다. 목표지점까지 참자.' 더불어, 잘 참고 있는 남자들에게, "역시 자기가 있으니까 좋네. 나 혼자 왔었다면, 짐 들고 다니기 힘들었을 텐데. 고마워."라는 칭찬까지 더해 주면, 기분 좋고 행복한 쇼핑을 즐길 수 있다.

20년 만에 가장 크게 벌어진, 부부싸움을 통해 우리 부부는 삶의 방식을 리셋할 수 있었다. 우리 부부가 리셋한 행복한 가정을 유지하는 삶의 방식은, "생활방식은 미니멀 라이프, 상대방을 이해하고 배려하는 마음과 표현은 맥시멀 라이프"다.

가족을 이해하고 배려하는 Tips

- 가족 구성원의 성격과 상황을 살피고 인정하기
- 원하는 것을 요청할 때, 충분히 설명하고 대화하기

나에게 질문하기

- 하루 중 가족과 대화하는 시간은 얼마나 되는가?
- 가족들과 가장 많이 시간을 보내는 활동은 무엇인가?

끝까지 기다려 주기

아들 녀석이 열 살 무렵에 장수풍뎅이와 사슴벌레 같은 곤충을 키우고 싶다며 사 달라고 매일같이 졸라 대던 그해 여름, 일산 킨텍스 전시장에서 열린 곤충박람회에서 장수풍뎅이 암수 한 쌍과 가족의 연을 맺게 되었다. 행사 가격이라며 동네 마트보다 싸게 파는 마케팅에 넘어가고 말았다. 물론, 아내와 함께 가지 않았기 때문에 그들과의 인연이 시작될 수 있었다. 사실, 아내는 곤충을 포함한 모든 애완동물과 연을 맺는 것에 탐탁지 않게 생각하는 사람이다. 참고로 우리 집은 아내와 아들 그리고 나. 이렇게 셋이 한 가족이었는데, 장수풍뎅이 부부가 가족의 일원이 되었다.

장수풍뎅이 구매를 얘기하다 보니, 가장인 내가 그깟 몇만 원 정도도 아들을 위해 쓰지 못 하는 게 말이 안 된다고 생각하겠지만, 우리 집 권력서열 상 나는 그 정도 위치다. 우리 집 서열은 거의 모든 가정이 그렇듯이 서열 1위는 아들의 엄마인 내 아내다. 그리고 서열 2위는 애지중지

돌봄을 받는 아내의 아들이고, 아내의 남편이자 아들의 아빠인 나는 서열 3위. 다행히, 장수풍뎅이에 밀려 서열 4위는 아니다.

가족 간에 서열이 얼마나 중요하겠는가? 나름대로 가족 서열을 생각한 것은 높낮이를 가른다는 의미보다 가족이라는 소속감을 이루기 위한 하나의 수단으로서다. 천백 년대 8세 전후의 아동들에게 유학을 가르치기 위해 쓰인 수신서인 『소학』에서도 '가족은 소속감을 느끼고 서로 존중하고 사랑해야 한다'고 강조하고 있는 일화가 있어 소개한다. "강주 진씨(江州 陳氏)의 한 종족은 칠백 명이나 되었다. 식사 때가 되면 언제나 한데 모여 장유(長幼)가 질서 있게 밥을 먹는다. 또한, 개를 백여 마리 기르는데, 역시 한 우리에서 먹이를 먹는다. 그런데 개가 한 마리만 오지 않아도 모든 개가 그 개가 올 때까지 기다리고 먹지 않는다. 사람의 화평(和平)이 짐승에게까지 미쳤다."

일화에서처럼 우리 가족도 장수풍뎅이 부부를 가족으로 맞이하기 위해 이름을 지어 주기로 했다. 장수풍뎅이 양육은 아들이 전담하기로 했기 때문에 이름도 아들이 지어 주는 것이 의무감을 더해 주는 것이라고 생각하여 아들에게 맡겼다.

암수 한 쌍인 장수풍뎅이를 한참 동안 지켜보던 아들이 수컷의 이름을 먼저 지어 주었다.

"음~~수컷은 남자니까, 사위! 암컷은 여자니까 며느리!"

이 얼마나 신통방통한 이름인가? 1년이 지난 후, 사위와 며느리는 수많은 후손을 남기고 아파트 단지 내 소나무 밑에 묻혔고, 그 자손 중 일부는 방생해 주었으며, 몇은 분양해 주었다. 우리 가족은 몇 년 전 겨울까지 암컷 두 마리, 수컷 한 마리와 함께 살았다.

그렇다면, 가족을 존중하고 사랑하는 방법은 무엇일까? 첫 번째 방법은 가족 구성원 모두가 소속감을 느낄 수 있게 노력하는 것이다. 장수풍뎅이에 이름을 붙여 주어 가족임을 선언하는 의식을 치르듯이, 가족 구성원 모두가 함께 소속감을 느낄 수 있는 일을 만들어야 한다. 함께 여행을 가거나 같은 취미 활동을 하는 것도 방법이다. 그런데 여행을 싫어하거나 관심 분야가 달라 취미를 함께하지 못할 수도 있는데, 이런 상황이라면 각자의 활동을 인정하며 관심과 격려를 표현해야 존중과 사랑을 받고 있다고 느낄 수 있다. 왜냐하면, 무관심은 관계를 멀어지게 하는 가장 강력하고 부정적인 행동이기 때문이다.

두 번째 방법은 배려하기 위해 노력하는 것이다. 위에서 소개한 『소학』의 강진 주씨 일화처럼, 기다려야 하는 상황이나 부득이한 상황에 처해 있는 가족 구성원에게 나머지 구성원들이 충분한 배려를 하는 것이다. 부득이한 외부 상황과 더불어 장애를 안고 태어나거나 발달이 늦어 또래 수준보다 활동이 부자연스러운 사람들도 있다. 이 또한 가족들의 배려가 절실히 필요한 경우라 할 수 있다.

가족은 사회를 이루고 국가를 이루는 기본이다. 사회가 관계로 이루어져 있듯이, 가족 역시 관계를 이루며 살아가는데 서로 존중하고 사랑하는 마음을 표현하고 실천하는 노력이 행복한 가정을 만들어 가는 길이다. 가족 구성원 각자에게 이름이 있듯이, 모두가 소중한 존재다. 아들이 장수풍뎅이에게 이름을 지어준 것도 소중한 존재로 인정하고 사랑하고자 하는 노력이었다. 가족 내 서열은 중요하지 않다. 서로를 존중하고 사랑하는 마음이 무엇보다 중요하다.

가족을 존중하고 사랑하는 Tips

- 가족 구성원 모두가 소속감을 느낄 수 있는 일 함께하기
- 가족을 위해 기다려야 할 순간에는 끝까지 서로 기다리기

나에게 질문하기

- 나와 가족 구성원들의 이름에는 어떤 의미가 담겨 있는가?
- 나의 가족이 가장 중요하게 생각하는 가치는 무엇인가?

회사

현대인의 최대 결점은, 자기의 직업에 대하여 애착심을 갖지 않는 것이다. 모든 인간이 직업을 혐오할 일로 생각하며, 저주할 고역으로 생각하고 있다. 그러나 직업은 생활의 방편이 아니라 생활의 목적이다. 일한다는 것이 인생의 가치이며, 인생의 환희이며, 인생의 행복인 것이다.

[F.A.R. 로댕]

누군가의 감정쓰레기통 되지 않기

2014년 12월에 종영된 '미생'은 직장인들의 도전과 실패 등 현실을 반영한 스토리로 많은 직장인에게 공감대를 형성하고 통쾌한 반전으로 현실에서 힘들어하는 직장인들에게 대리만족을 선물했던 TV드라마였다. 이 드라마에서 직장 초년생이지만 진실한 태도로 회사에 적응해 나가는 '장그래'의 모습에서 우리 시대 직장인들의 고충을 대리 만족할 수 있었다. 물론, 장그래의 상사인 '오상식 차장'은 선배다움과 리더다움이 무엇인지 보여주었고 누구나 존경할 만한 직장 상사로 그려졌다. 등장인물 중 '마 부장'이라는 캐릭터는 항상 인상을 쓰고 마음에 들지 않으면 고래고래 소리를 지르며, 여직원에게는 성희롱과 함께 무시하는 행동을 일삼는 정말 현실에서는 절대로 있어선 안 될 캐릭터였다. 또한, 지독한 성과지향적 인물로 목표 달성을 위해서는 물불을 가리지 않는 성격이기도 하다. 설마 이 글을 마 부장과 같은 캐릭터의 상사가 보고 계실지도 ^^;;

이번 장은 장그래, 오상식 차장, 마 부장 등과 같은 다양한 캐릭터가 존재하는 우리의 일상생활에서 어떻게 하면 안전하고 행복한 삶을 살 수 있는지를 다루려 한다. 인간은 환경의 동물이다. 독일의 심리학자 레빈은, "인간의 행동은 환경의 자극 때문에 일어나며, 또 거기에 작용해서 언제나 환경과의 상호 관계에서 전개된다."라는 이론을 발표했다. 다시 말하자면, 인간의 행동(Behavior)은 주변 사람(Person)과 환경(Environment)에 의해 영향을 받는다고 할 수 있다. 즉, "B=f(PE)"라는 이론이다(P: 성격, 지능, 연령, 경험, 심신상태 등 / E: 가정과 직장 등 인간관계, 온도, 조명, 먼지, 소음 등 물리적 환경 등). 본래 이 이론은 '사고'는 심리적 상태와 같은 개인적 요소가 외부 환경과 관계가 있다는 이론이지만, 직장 생활을 하는 우리들의 상황과 연결해 보려 인용했다.

저마다 직장생활을 하면서 접하는 환경적 요인들은 다른 사람이 생각하는 것보다 훨씬 다양하므로, 우리의 행동(B)에 영향을 미치는 환경적 요인도 다양하다. 외부의 환경적 요인에 쉽게 반응하고 중심을 잃게 된다면, 마 부장처럼 '욱'하는 분노 표출과 목표 달성을 위해서는 물불을 가리지 않고 주변인들을 괴롭히게 된다. 또한, 우리는 함께 생활하는 옆 사람이 크게 웃으면 함께 웃게 되고, 짜증을 내고 있으면 피하고 싶을 정도로 기분이 좋지 않은 경험도 하게 된다. 상대방의 웃는 얼굴을 보고 있으면, 내 안면 신경 중 웃음 신경이 함께 움직인다는 연구결과도 이러한 감정전이를 설명해 주고 있다. 조직 내에서 겪는 다양한 환경에서 중심을 잃고 선하지 못한 감정을 그대로 표현한다면, 그 조직은 어떤 분위기가 될까? 생각만으로도 편치 않다. 특히, 리더가 팀원들에게 선하지 못한 감정 표현을 한다면, 팀원들에게는 짜증 나고 힘이 들어 견디기 힘든 외부적 환경(PE)이 만들어지게 된다. 이렇게 짜증 나고 힘든 팀원들이 함께하는 조직은 다음과 같은 질문에 어떤 답을 하게 될까?

'이런 환경에서 조직은 성과를 달성할 수 있을까?'

'리더와 팀원들 모두 성장할 수 있을까?'

'과연 이런 팀이 있는 회사는 영속할 수 있을까?'

그렇다면 주변의 환경에 휘둘리지 않고 중심을 잡고 목표를 달성할 방법은 무엇일까? 그 첫 번째 방법은 주변 상황을 객관적으로 보기 위해 노력하는 것이다. 물론, 누구나 상황을 판단한다는 것은 모두가 주관적이다. 하지만, 환경에 따라 내 안에서 일어나고 억눌리는 감정과 생각의 변화들을 볼 수 있는 주체는 그 누구도 아닌 '나'다. 자아의 변화를 느끼고 급격한 변화의 상태라면 일시 멈춤을 할 수 있는 주체도 다름 아닌 '나 자신'이기 때문에, 내 안의 변화를 감지하기 위해서는 주변 상황을 객관적으로 봐야 한다. 즉, 내가 정말 화를 내거나 내 감정이나 생각을 억눌러야 하는 상황인지를 오롯이 살피는 태도를 객관적이라고 할 수 있다.

두 번째 방법은 내 생각이나 감정의 변화를 표현하는 것이다. 사회생활을 하는 직장인들은 하루의 대부분을 내 가족은 아니지만, 가족 같은 사람들과 생활하고 있다. 직장 상사와 부하로 관계를 맺고 있지만, 가족보다도 더 많은 시간을 함께하는 사람들이기 때문이다. 이렇게 삶의 많은 시간을 함께하는 사람들과의 관계를 원활히 유지하기 위해서는 서로의 감정과 생각의 변화를 인정하고 존중해야 한다. 그렇지만, 제대로 표현하지 않으면, 상대방은 내 감정과 생각의 변화를 제대로 인지할 수 없다. 논리적으로 얘기하자면, 내 감정과 생각의 변화가 상대방에게는 없다고 하는 게 정확하다. 화가 났다면 화가 난 이유를 제대로 설명해야 하고, 일에 대한 생각이 다르다면 의견을 제시해야 한다. 물론, 상사와 부하 모두 노력해야 한다. 상사와 부하 직원 모두 열린 마음으로 서로의 변화를 인정하고 수용할 수 있어야 한다. 이런 직장 내 분위기를 조직문화 차원으로 접근하는 회사들도 많이 있다.

우리가 직장생활을 하면서 만나는 환경은 때때로 힘들고 괴로운 것이 현실이다. 하지만, 개인의 감정표현이 주변인들의 외부적 환경으로 작용하게 된다는 점을 깨닫고 행동한다면, 조직과 개인의 행동에 긍정적인 영향을 주기 때문에 성장의 기반이 될 것이다. 조직 내에서 리더의 위치에 있는 당신이라면, 후배나 부하 직원들이 당신의 불쾌하고 힘든 상황에서 올라오는 부정적인 감정과 그 표현들을 본인들의 의지와 상관없이 받아 내야만 하는 감정 쓰레기통이 아님을 반드시 기억하자. 내가 던진 감정쓰레기는 또 다른 마 부장을 만드는 전염병 포자와 같아서 조직을 병들게 할 수 있음도 반드시 기억하고 그렇게 되지 않도록 노력하자.

주변 상황에 휘둘리지 않는 회사생활을 위한 Tips

- ⇨ 내 주변 상황을 객관적으로 보기
- ⇨ 감정이나 생각의 변화 표현하기
- ⇨ 상대방의 감정이나 생각의 변화 존중하기

나에게 질문하기

- ⇨ 나는 누군가의 감정을 내 의지와 관계없이 받아 내야만 하는 감정 쓰레기통인가?
- ⇨ 나는 나의 감정을 상대방의 동의 없이 그저 투척해 버리는 사람인가?

회사에서 느끼는 비애, 한 걸음 물러나 바라보기

코칭을 요청하시는 분들 중에 회사 생활을 하면서 상사나 동료, 때로는 후배와의 관계에서 슬프거나 서러운 감정을 호소하는 분들을 자주 만나게 된다. 내 뜻과 일의 방향을 다른 사람들이 오해하거나 상호 소통 부족으로 인해 선하지 못한 표현으로 자신에게 돌아올 때 더욱 이런 감정을 느끼는 분들이다.

이렇게 관계 속에서 마음이 뒤틀려 느껴지는 슬프거나 서럽고 초라해 하는 감정을 '비애'라고 한다. 언젠가 비애라는 감정에 대해 심리학 박사와 대화를 할 기회가 있었는데, 대화 도중 '직장인들은 언제 비애의 늪에 빠지게 될까?'라는 질문을 하게 되었다. 직장인들이 느끼는 비애는 상사에게 부정적인 평가를 받거나 질책을 받았을 때, 비애의 늪에 빠지곤 하는데, 상사 앞에서 '스스로 보잘것없다'고 느끼게 되어, 슬프고 서러운 감정이 생기는 것이다. 가수 김수희 씨의 노래 '애모'에서처럼, "그대 앞에만 서면 나는 왜 작아지는가? 그대 등뒤에 서면 내 눈은 젖어 드는데~~" 물론, 가사처럼 눈물 짓지는 않겠지만, 직장인들이 회사에서 느끼는 비애를 표현하기에 충분한 구구절절한 가사로 느껴진다.

우리가 느끼는 비애는 '내가 보잘것없고 변변하지 못하다고 느끼는 초라함'이 원인이다. 일에 대한 부정적인 평가를 '존재의 초라함'으로 느끼게 되고, 초라함을 인식하고 인정하게 되면 '비애'라는 감정을 느끼게 된다. 또한, 비애에서 벗어나지 못하게 되면 방향을 잃고 힘든 시간에 갇히게 된다.

하지만, 비애를 느낀다는 것은 삶을 돌아보고 보다 나은 삶을 위한 전환의 계기가 될 수 있다는 신호이기도 하다. 아일랜드의 작가 O.F.O.W.

와일드는, "비애란 모든 창조물 중에서 가장 민감한 것이다. 사색(思索)의 세계 어느 곳에서나 일어나고 있는 어떠한 것도, 비애가 그것에 닿아서 격렬하고 절묘한 고동(鼓動)을 일으키지 않는 것은 하나도 없다. 두들겨서 늘려 놓은 얇은 황금의 전판(殿版)은 육안으로는 볼 수 없는 힘의 방향을 기록하지만, 비애에 비교하면 그것도 조잡한 것이다."라고 하며 비애가 가지고 있는 전환의 힘을 얘기했다.

그렇다면, 어떻게 비애라는 감정에서 벗어날 수 있을까? 그 답은 한 걸음 물러나 비애의 원인은 무엇이며, 늪에서 빠져나올 수 있는 도구는 무엇인지 찾아보는 것이다. 늪에 빠져 허우적거리면 더욱 빠져나오기 힘들어진다. 차분히 마음을 가라앉히고 주변에 잡을 만한 나뭇가지 같은 도구가 있는지, 구조를 요청할 방법이나 사람이 근처에 있는지를 적극적으로 찾아보는 행동이 늪을 빠져나오는 데 도움이 된다.

비애의 늪에서 빠져나오기 위한 Tips

- 비애를 느끼고 있다면, 일단 멈추고 한 걸음 물러나 나의 상태 바라보기
- 비애의 늪에서 빠져나올 수 있는 도구 또는 도움을 요청할 사람 찾아보기

나에게 질문하기

- 지금까지 가장 비애를 느꼈던 경험은 무엇인가?
- 가장 환희를 느꼈던 때는 언제인가?
- 최근 비애를 느꼈던 상황은 언제였는가?
- 내가 비애의 늪에 빠지는 원인은 무엇인가?
- 비애의 늪에서 빠져나올 수 있게 도움을 주는 도구(또는 사람)는 있는가?

회사에서도 '나는 소중한 사람'임을 잊지 않기

2017년 12월 정말 추웠던 어느 겨울날, 구미로 출장을 갔다. 서울역에서 KTX를 타고 점심시간이 조금 지나 구미역에 도착했다. 날씨는 춥고 점심을 빨리 먹고 미팅을 가야 했기 때문에, 간단하게 한 끼를 해결하고 싶었다. 추운 겨울날, 간편하고 빨리 먹을 수 있는 음식은 바로 라면에 김밥이었다. 구미역에서 나와 주변을 둘러보니, 멀지 않은 곳에 우리나라 대표 분식점인 '김밥천국' 간판이 눈에 띄었다.

짧은 시간에 고픈 배를 채우려고 라면과 김밥을 주문해서 먹었는데, 김밥천국답게 그 맛도 천국이 따로 없었다. 그 와중에 시간에 쫓겨 급하게 식사하는 내 모습이 서글프게 느껴지면서, 문득 '나에게 회사는 어떤 곳일까? 천국 같은 곳일까? 만약, 회사가 천국이 아니라면, 지옥 같은 회사는 어떤 곳일까?'라는 생각을 하게 되었다.

이 질문에 대한 답은, '현재의 삶에서 희망을 잃어버린 삶이 지옥과 같다'라는 H.V. 밀러의 저서 『암살자의 시』에서 찾을 수 있었다. "사람이 지옥이라고 생각하는 것 또한 그렇게 생각하는 곳이야말로 모두 지옥일 것이다. 만일 네가 지옥에 있다고 생각하면 틀림없이 너는 지옥에 있는 것이다. 그리고 현대인으로서 인생은 영원한 지옥이 되어 버렸다. 낙원에 있다는 희망을 완전히 잃어버린 그 한 가지 이유만으로써."

그렇다면 내가 천국 같은 회사를 만들 수는 없는 현실에서 회사에 다니는 내 삶이 천국으로 느껴지기 위해서는 어떻게 살아야 할까? 먼저, 천국 같은 삶은 가치와 의미가 있는 태도에서 비롯된다. 그렇다고 삶의 가치와 의미가 실현되지 않는다면, 이 또한 천국이라 하기에는 부족함이 있다. 우리가 상상하는 천국을 회사에서 구현하기는 불가능하다. 하지만 적어도 회사에서 일하는 동안 삶의 가치와 의미를 실현하는 과정은 행복하고 보람된 삶이기 때문에 천국에 가까운 삶이라 할 수 있다. 10여 년 전 현장 안전관리자로 근무했을 때 삶의 가치와 의미를 느꼈던 일화가 있었는데, 건설현장에서 매일 아침 작업을 시작하기 전에 실시하는 조회에서 있었던 일이다. 일반적으로 조회는 개인의 컨디션과 안전보호구 상태를 점검하고, 오늘 작업 중에 예상되는 위험요소와 안전한 작업방법에 대해 상의를 하는 시간이다. 그리고 조회는 언제나 체조로 시작한다. 체조를 마치고 나면, 안전관리자는 짧은 멘트로 최근 현장에서 있었던 사고 사례나 공정상의 특이사항을 전달하기도 하는데, 우리 현장은 일하는 모든 분이 하루를 웃으며 시작할 수 있도록 돕는 게 내가 진행했던 조회의 콘셉트였다. 그 당시 대부분 현장에서 진행되었던 조회와는 사뭇 분위기가 달랐다. 당시 현장생활 3개월쯤이 지난 어느 초여름 조회에서 체조를 마친 사람들에게 평소와는 다른 제안을 했다. 체조 이후에 재미있는 이야기를 하는 대신, 소중한 사람들을 생각하며 기도를 하자고 했다. 이 제안은 소중한 사람을 위해 더위에도 일하는 사람의 삶의 가치와 의미를 생각하자는 것이었다. 300여 명이 넘는 사람들은 하나둘 눈을 감기 시작했고, 5분의 기도시간이 주어졌다. 그런데 잠시 뒤 여기저기서 흐느끼는 소리가 들리기 시작했고 약속한 5분이 지나도록 모든 사람이 아직도 눈을 감고 기도를 하고 있었다. 소리 없이 눈물을 흘리는 사람도 있었다. 10분이 지난 뒤, 기도를 멈추고 눈을 뜨도록 안내했고, 숙연해진 사람들에게 짧은 멘트를 했다.

"여러분, 오늘도 여러분의 소중한 분들을 위해 일하는 우리 현장이 어떻게 느껴지세요? 옆에 계신 동료분들은 어떻게 느껴지세요? 어떤 사람들은 꺼리는 건설현장에서 일하지만, 이렇게 소중하고 귀한 곳이 세상 어디에 있겠습니까? 그리고 여러분도 세상 누구보다 소중하고 귀한 분들입니다."

거짓말처럼 이 현장에서는 그 후 중대재해가 단 한 건도 발생하지 않았다. 모든 사람이 삶의 의미와 가치를 추구하는 현장은 그야말로 천국이었다.

밀러의 시에서도 "스스로 회사에서 희망을 잃어버린다면, 회사는 바로 지옥이 된다."라고 언급했다. 지옥 같은 회사생활을 할 것인가, 천국 같은 회사생활을 할 것인가? 나의 태도와 선택, 실천이 열쇠임을 잊지 말자.

회사에서도 소중한 사람되기 Tips

- 내 삶에서 소중한 사람(사람이 아닌 어떠한 대상도 괜찮다) 생각하기
- 내 삶의 가치와 의미 생각하기
- 삶의 가치와 의미를 실현하기 위해 작은 일부터 실천하기

나에게 질문하기

- 내가 회사에서 가장 좋아하는 시간은 언제인가?
- 내가 회사에서 가장 힘들어하는 시간은 언제인가?
- 내가 회사에서 가치와 의미를 잃었다면, 그 가치와 의미는 무엇인가?
- 잃어버린 가치와 의미를 되찾기 위해 나는 무엇을 해야 하는가?
- 그 가치와 의미를 되찾기 위해 도움이 필요하다면, 누구에게 도움을 요청할 것인가?

연말연시, 삶의 목표와 달성계획 되짚어 보기

직장생활을 20년 넘게 하다 보니, 연말이 되면 회사의 분위기가 항상 어수선해짐을 느낀다. 연말 조직개편과 그에 따른 인사이동은 상사로 계셨던 임원이 다른 사업부로 옮기거나, 퇴직하게 되면 후임 임원에 따라 그 아래 조직장들도 바뀌기 때문이다. 정치적 성향이 다르다는 이유로 자리를 이동하는 정치인들처럼 회사도 비슷한 상황이 벌어지곤 한다. 이 시기는 누군가에게는 권력을 잡아 춤을 출 것처럼 좋은 시기이고, 반대의 누군가에게는 권력의 한계를 경험하는 씁쓸한 시기라는 점에서 우리네 삶의 이치와도 같음을 알게 해주는 시기이기도 하다.

이런 우리네 삶의 이치를 표현한 고사성어도 있다. "십 년 세도(十年勢道) 없고, 열흘 붉은 꽃 없다(花無十日紅)."라는 고사성어인데, 부귀영화는 오래 계속되지 못한다는 뜻이다. 또한, 높은 곳에서 권세를 누릴 때 낮은 곳을 살피고 함께 잘 살 수 있는 길을 찾아야 한다는 의미의 속담도 있다. 바로 "꽃이라도 십일홍 되면 오던 봉접도 아니 온다."라는 우리나라 속담이다. 인도의 시인 R. 타고르의 명언도 있는데, 타고르는 "이성 대신에 권위를 필요로 하는 사람들은 자유 대신에 오로지 전제주의만을 허용할 것이다. 그것은 나무의 꼭대기에다가 물을 퍼부으면서도 다른 한편으로는 그 뿌리를 잘라 내는 것과 같다."라고 〈모던 리뷰〉지를 통해 얘기했다. 권세를 누릴 때, 두루두루 살피는 것 또한, 쉽지 않은 일이다. 누구나 달콤함에 취하고 그 자리의 화려함과 빛 때문에 눈이 부셔 주변이 잘 보이지 않기 때문이다.

그렇다면 연말이 되어도 주변 상황에 흔들리지 않는 방법은 무엇일까? 답은 "내 삶의 목표를 명확히 하고 그 목표를 달성하기 위한 계획을 되짚어 보며 담담히 새해를 설계하는 것"이다. 내 삶의 주인이 바로 '자신'임을 잊지 않아야 흔들리지 않는다. 내 상사의 위치 이동으로 내가 영향을 받을 수도 있지만, 내가 무너지는 것은 아니다. 적어도 내 삶의 목표를 상사에게 맞춰 놓지 않았다면 말이다.

연말이 되어도 흔들리지 않는 회사생활을 위한 Tips

- 내 삶의 목표와 달성 계획을 되짚어 보기

나에게 질문하기

- 나는 연말이 되면, 무엇이 두려운가?
- 연말이 두렵다면, 무엇이 나를 두렵게 만드는가?
- 다음 해 연말이 두렵지 않으려면, 어떤 변화가 필요한가?
- 그 변화를 위해 내가 바꿔야 하는 것은 무엇인가?

친구

친구는 너를 친구로 보고, 친구의 친구도 너를 친구로 간주한다.

[탈무드]

친구와 함께하는 순간순간에 충실하기

내 주변의 친구들과 추억을 쌓는 삶의 과정은 분명 행복한 삶이다. 추억을 만들어 가는 과정은 세상에 다양한 사람들이 있는 만큼 저마다 다르다. 그런데 행복한 추억보다 고통의 기억을 더 많이 쌓으며 사는 사람들이 있다. 어떤 사람들이 주변 사람들과 고통의 기억을 쌓으며 살아갈까? 이 질문에 대한 답을 영화 〈신과 함께: 인과 연〉 중에 나온 대사에서 만났다. "젊은 날 뿌린 후회의 씨앗이 나이 들어 고통의 열매가 된다."라는 내용이다.

G. 모파상은 저서 『여자의 일생』에서, 삶의 과정을 추억의 씨앗에 비유하여 다음과 같이 얘기했다. "마치 농부가 씨를 뿌리듯이 그는 어디에나 추억의 씨를 뿌리는 중이었다. 죽는 날까지 스러지지 않을 추억의 씨를." 피천득 작가도 그의 수필집 『장수』에서 과거의 순간들을 되새겨 추억으로 삼는 삶을 보석의 세목(細目)에 비유할 정도로 삶을 돌아보는 경험의 소중함을 얘기했다. 그는 책에서 다음과 같은 이야기를 했다. "과거를 역력하게 회상할 수 있는 사람은 참으로 장수를 하는 사람이며, 그 생활이 아름답고 화려했다면 그는 비록 가난하더라도 유복한 사람

이다. 예전을 추억하지 못하는 사람은, 그의 생애가 찬란하였다 하더라도 감추어 둔 보물의 세목(細目)과 장소를 잊어버린 사람과 같다."

주변을 돌아보면 어릴 적 친구들이 많이 남아 있지 않다. 그렇다고, 그 친구들과 행복한 추억을 쌓은 기억도 별로 없다. 초·중·고등학교 친구들은 대학교에 가면서 멀어졌고, 대학교 친구들은 직장 생활을 하면서 멀어지기 시작했다. 엄밀히 얘기하자면, 친구들이 멀어진 게 아니고 내가 그들을 멀리했었다. 친구들을 만나기 위해 노력하기보다, 만나지 않기 위한 이런저런 이유와 핑계를 만들어 내기 위해 애를 쓰며 살았다. 물론, 나름의 사정이 있었던 때도 있었다. 하지만 이제 와서 후회한들 무슨 소용이 있겠는가? 후회의 씨앗이 나이 들어 고통의 열매가 되듯이, 후회는 바로 그 순간이 지나야 알게 되는 것을.

그렇다면 후회의 씨앗 대신 추억의 씨앗을 뿌리기 위해서는 어떻게 살아야 할까? 우선, 지금이라도 내 주변의 관계에 순간순간 충실해야 한다. 만나는 사람들과 상황에 진심으로 성실히 임해야 한다. 진심은 어떤 경우에도 통하기 때문이다. 그리고 지난 순간을 되돌아보는 사람이 추억과 후회도 구분할 수 있으므로, 후회의 순간을 남겼다고 좌절할 필요는 없다. 후회의 순간들을 되새겨 추억을 만드는 동기로 삼으면 된다. 삶을 돌아보는 선한 경험도 충분히 행복한 추억이 될 수 있다.

후회의 순간을 만들지 않기 위해 스스로 질문해 보자. "삶의 순간순간을 후회로 남기겠는가? 추억의 순간으로 남기겠는가?"

> 추억의 씨앗을 뿌리는 삶을 위한 Tips
>
> ⇨ 내 주변의 관계에 순간순간 충실하기
>
> ⇨ 후회의 순간을 되새겨 추억을 만드는 동기로 삼기

나에게 질문하기

- 내가 후회하고 있는 일을 무엇인가?
- 후회를 통해 지금의 친구들과 어떤 추억을 쌓고 싶은가?, 내가 가장 사랑하는 사람들과 어떤 추억을 쌓고 싶은가?

말과 글, 태도부터 바꾸기

먹구름이 잔뜩 끼여 하늘이 흐리고 어두워지면 바다의 물빛도 어두워진다. 사람 관계도 하늘빛이 어두워지면 바다의 물빛도 어두워지는 자연의 이치와 같다. '근묵자흑(近墨者黑)'이라는 사자성어는, "검은 먹을 가까이 하면 검어진다."라고 하여, 관계 속에서 미치는 상호 영향력을 뜻하는 말이다.

상호 영향력을 감정 전이 차원에서 연구한 사례도 있다. 상대방의 웃는 얼굴을 보고 있으면, 내 안면 신경 중 웃음 신경이 함께 움직이고, 반대로 짜증 내는 얼굴을 보고 있으면 내 안면신경도 그렇게 움직인다는 실험이다.

감정의 전이가 그렇듯 내 삶의 태도도 주변 사람들에게 영향을 미친다. "잠꾸러기 집은 잠꾸러기만 모인다."라는 우리나라 속담처럼 게으른 사람과 함께한다면, 어지간한 의지가 아니라면 함께 게을러지기 마련이라는 의미의 속담이 있을 정도로 삶의 태도가 주변에 얼마나 큰 영향을 미치는지 미루어 짐작할 수 있다. 사자성어로 요약하면 '이심전심(以心傳心)'이다.

'메라비언의 법칙'도 사람의 영향력에 관한 연구 결과로 만들어진 커뮤니케이션 이론인데, 한 사람이 상대방으로부터 받는 이미지는 시각이 55%, 청각이 38%, 언어가 7%라는 이론이다. 짧은 시간에 좋은 이미지를 주어야 하는 직종의 사람들을 교육할 때 활용하는 이론이기도 하다.

이렇게 짧은 시간에도 상대방에게 영향을 미치는 것이 사람의 태도와 행동이기 때문에 많은 시간을 함께하는 주변 사람들에게 '내 삶의 태도와 행동이 발하는 빛'이 '주변 사람들의 빛'에도 상당한 영향을 미치게 되는 것이다.

다음에 소개할 석가모니의 일화도 관계 속에서 삶의 태도와 행동의 중요함을 알 수 있게 해 준다. 어느 날 석가가 제자 두서넛을 데리고 걷고 있었다. 땅에 떨어진 새끼줄을 집었다 버리게 하여 그 손을 냄새 맡게 하고, 또 한 제자에게는 향을 넣었던 주머니를 집었다 버리게 하고 냄새를 맡게 하였다. 생선을 묶었던 새끼줄을 집었던 손에서는 생선 냄새가 나고, 향주머니를 집었던 손에서는 향내가 났다. 이 상황을 가리켜 석가는 제자들에게 다음과 같이 말씀하셨다. "나쁜 친구와 어울리면 언젠가는 그렇게 나쁜 인간이 되고, 좋은 친구와 어울리면 친구의 감화를 받아 선인이 된다."

'근묵자흑, 이심전심'처럼 사람의 영향력에 대한 사자성어를 늘 접하면서도 나와 주변 사람들이 서로 어떤 영향력으로 소통하고 있는지는 생각하지 않는다. 흔히, 친구를 보면 그 사람을 알 수 있다고 하듯이, 내가 노는 물이 나를 말해 준다. 내가 노는 물의 빛깔이 나와 내 주변 사람들의 빛이다. 내가 험한 말과 겸손하지 못한 가벼운 태도와 행동으로 빛을 발하고 있다면, 내 주변도 그런 사람들로 채워지게 된다. 즉, 나의 말과 글, 표정, 삶의 태도 등이 주변 사람들을 친구로 만들기도 하고 적으로도 만들 수 있는 힘을 갖고 있으므로, 남의 빛을 탓하기 전에 나부터 좋은 빛을 발하도록 노력해야 한다.

나의 빛으로 좋은 추억의 씨앗을 뿌리기 위한 Tips

⇨ 나의 말과 글, 표정, 삶의 태도부터 선하게 표현하기

나에게 질문하기

⇨ 지금 나는 어떤 빛을 발하고 있는가?

⇨ 내 주변을 채우고 있는 사람들의 빛은 어떠한가?

⇨ 내가 원하는 '나의 빛'은 어떤 빛인가?

건강

어리석은 일 중에 가장 어리석은 일은, 어떤 이익을 위하여 건강을 희생하는 것이다.

[A. 쇼펜하우어]

다른 사람과 비교하지 않기

'4차 산업혁명'처럼 그 이름만으로도 어려운 시대를 살아가고 있는 우리에게 '번아웃'이라는 단어는 힘든 삶을 대변하는 일상의 언어가 되어버린 지 오래다. 그런데 도대체 누가 듣기만 해도 힘 빠지는 단어를 만들어 냈을까? '번아웃(Burn-out)'은 '번아웃 증후군(Burn-out Syndrome)'의 준말로, 뉴욕의 정신분석가 '프로이덴버거'가 「상담가들의 소진」이라는 논문에서 약물 중독자들을 상담하는 전문가들의 무기력함을 설명하기 위해 '소진'이라는 용어를 사용한 것이 시작이라고 한다.

"번아웃 증후군은 의욕적으로 일에 몰두하던 사람이 극도의 신체적·정신적 피로감을 호소하며 무기력해지는 현상을 말하며, 바라는 수준이 지나치게 높고 전력을 다하는 성격의 사람들에게 주로 나타난다."고 한다.

하지만 의욕적으로 일을 하던, 그렇지 않던, 현재를 사는 직장인들의 90%가 번아웃을 경험하고 있다는 설문조사 결과는 학문적 논의를 넘어선 심각한 상황임을 충분히 짐작할 수 있다.

익명 커뮤니티 앱 '블라인드'가 직장인 5,419명을 대상으로 한 설문조사에 따르면, 국내 직장인 중 10명 9명이 번아웃을 경험한 것으로 나타났다. 화장품, 금융업, IT업계, 자동차, 서비스, 게임 등 산업계 전반에서 공통적으로 번아웃 증상이 나타나는 것으로 조사되었다. 나도 설문조사에 참여했다면, 번아웃을 경험한 90%의 직장인에 속했을 것이다. 아마도 이 글을 읽고 있는 거의 모든 분이 해당하지 않을까? 참으로 서글픈 현실이다. 일과 삶의 균형(Work and Life Balance, 이하 워라벨)을 강조하는 트랜드와는 달리, 현실은 일이 삶의 행복을 심각하게 침범해버린 결과를 보여주고 있어 더욱 그러하다.

일이 삶을 침범해 번아웃을 경험했다면, 도대체 우리는 얼마나 많은 시간 동안 일을 하고 있을까? 2017년 OECD 35개국의 노동 시간을 비교한 결과, 한국이 세 번째로 높았다. 한국보다 일을 더 하는 나라는 코스타리카와 멕시코 두 나라가 전부다. 한국은 스페인보다 1.19배, 독일보다는 1.5배 정도 더 일한다. 일과 삶의 균형을 위해 정시퇴근을 말하고 있지만, 현실은 참담할 정도로 심각한 결과다. 2017년 기준 1년 평균 한국 평균 노동 시간은 2,100시간으로 지난 1990년 3,200시간보다 1,100시간이 줄었지만, 만족감은 상승하지 않았다. 또한, 우리나라의 행복지수는 OECD 35개 국가 중, 뒤에서 7번째이기도 하다.

그런데 위에 소개한 통계자료들 모두, 비교를 통해 얻은 결과의 해석이다. 번아웃 상태에서 벗어나기 위해서는 현재의 삶을 어떻게 바꾸어야 할까? 영국 출신의 라이프 매니지먼트 전문가인 리기 웹은 다음과 같이 이야기했다.

> "가장 먼저 해야 할 것은 실현 가능한 최상의 나를 만드는 일이다. 우리는 종종 자신을 다른 사람과 비교하는데 이럴 때 자칫하면 자만심 혹은 열등감이라

는 감정의 함정에 빠지게 된다. 왜냐하면, 주위에는 늘 자신보다 낫다고 여겼던, 혹은 조금 부족하다고 여겼던 사람들이 있기 때문이다. 그러나 다른 사람을 나를 판단하는 기준으로 삼는 것은 무의미하다. 오히려 자신을 기준으로 삼는 것이 훨씬 더 건설적이다."

만약, 내 주변에 비교 대상이 주변인들이 아닌 나 자신이라고 생각한다면 어떨까? 주변 사람들의 미모나 연봉, 업무 실적 등과 비교하면서 걱정할 필요가 없게 된다. 내 주변의 사람들과 비교하며 걱정거리를 늘려 가지 말고 자신에게 질문해 보자.

- 나는 내 삶에 만족하며 살고 있는가?
- 나는 주변 사람들과 원활하게 소통하며 살고 있는가?
- 나는 내 건강을 위해 무엇을 하고 있는가?
- 나는 회사에서 맡겨진 일에서 과거보다 잘하고 있는가?
- 나는 내 삶의 목표를 향해 성장하고 있는가?

미국의 심리학자 너새니얼 브랜든은 자의식이 높은 사람들의 특성을 다음과 같이 이야기했다.

"자의식이 높은 사람은 다른 사람보다 더 우월해지려고 애쓰지 않는다. 자신의 가치를 증명하고자 다른 비교 대상을 기준으로 삼지도 않는다. 그들은 남보다 나은 자신이 아니라 있는 그대로의 자신을 즐긴다."

리기 웹과 너새니얼 브랜든의 말처럼 우리가 사는 현실이 다른 나라와 비교해서 일을 더 많이 하고 행복지수가 낮다고 실망하고 좌절할 필요는 없다. 지금의 자신보다 더 나은 내가 되기 위한 목표를 설정하고 그 목표를 기준으로 최선을 다해 보자. 만약, 지금 번아웃 상태라면 신세 한탄은 멈추고, 번아웃에서 벗어난 내 모습을 목표로 무엇을 바꾸고 어떤 변화를 시도해야 하는지 그려 보고 바로 실행해 보자.

'힘들다, 힘들다.' 말만 한다고 삶이 변하진 않는다. 스스로 삶의 변화를 위해 노력해야 번아웃에서 벗어나 행복한 삶을 살 수 있다.

번아웃 상태에서 행복을 되찾기 위한 Tips ①

- 다른 사람과 비교하지 않기
- '과거와 현재의 나, 미래의 나'를 비교의 기준으로 설정하기
- 번아웃 상태에서 벗어나고 싶다면, 아주 작은 어떤 일이라도 우선 실행하기

나에게 질문하기

- 내가 번아웃을 느끼는 순간은 언제인가?
- 번아웃이 내 삶에 어떤 영향을 미치고 있는가?
- 내 삶을 친한 친구에게 술 한잔하며 이야기한다면, 어떻게 이야기하겠는가?
- 내 삶의 이야기를 했던 친구에게서 듣고 싶은 말은 무엇인가?

비울 수 있는 것부터 바로 비우기

우리 주변에서 언제나 목소리가 크고 당당한 태도로 업무 처리와 대인 관계를 이어 가는 사람들을 한 명쯤 만날 수 있는데, 어느 날 그런 형님과 회사 일로 이야기를 하던 중, 깊은 한숨과 함께 힘없이 다음과 같은 말을 하며 본인이 번아웃 상태임을 얘기했다.

"요즘 너무 힘들어. 완전히 번아웃된 것 같아."

이 말을 시작으로 형님과 대화가 이어졌는데, 번아웃이라는 단어 때문인지 평소 알고 지내던 형님과는 다르다는 느낌을 받았다.

"형님 무슨 일 있으세요?"

"그냥 지쳤어. 그동안 너무 힘들게 살아왔나 봐."

"그러셨군요. 다른 사람은 몰라도 형님은 늘 당당하고 건강하다고 생각했는데~~"

"나 임원한테도 얘기했다. 좀 쉬고 싶다고."

형님의 이 말은 정말 상상할 수 없는 말이었다. 회사가 당신 삶의 전부가 아닐까 하는 생각이 들 정도로 일과 관계에 최선을 다하셨던 분이었기 때문이다. 나는 매우 놀랐지만, 형님의 속마음을 듣고 싶어 차분하게 대화를 이어갔다.

"상무님은 뭐라고 하시던가요?"

"그냥 쉬라고 하더라고. 그런데 팀장이 쉽게 쉴 수 있나? 할 일이 얼마나 많은데~~"

같은 경험이 있었기에 형님의 마음을 이해할 수 있었고, 힘들어하는 형님을 위해 코칭식 대화로 도움을 드려야겠다는 생각이 들었다.

"형님~~제가 질문 하나 드려도 될까요?"

"응~~최 팀장 질문이라면 얼마든지~~"

"형님을 가장 힘들게 하는 게 뭐예요?"

"음~~ 일도 힘들고~~ 근데, 이 휴대폰 좀 없었으면 좋겠어."

"휴대폰이요?"

"응~~이놈의 휴대폰!!! 모든 사람이 나만 찾아. 이거 해달라, 저것도 도와달라. 돌아버리겠어. 회사 사람들도 그렇고 나를 아는 사람들이 다 그래. 미쳐 버리겠어."

"그 사람들은 왜 형님한테 도와 달라고 하는 거예요?"

"편하니까 그렇지. 나한테 얘기하면 자기들이 편하거든. 다 해결해 주니까."

사실 주변에 있는 대부분의 사람은 이 형님이 만능 해결사라고 생각하고 있다. 어려운 부탁을 해도 언제나 해결해 주었기 때문이다. 하지만, 형님이 이런 문제로 힘들어하신다니 정말 의외였다.

"그렇군요. 근데, 형님! 형님은 왜 사람들의 부탁을 다 들어주시는 거예요?"

"그게 내가 사는 방식이니까. 휴대전화에 3천 명 넘는 사람이 내가 사는 방식이야."

"형님~~형님이 사는 방식이 그런 사람들과 함께 하는 거라면, 형님이 부탁을 들어주는 행동은 누구를 위한 거예요?"

이 질문에 형님은 한동안 말을 하지 않고, 먼 산을 바라보듯 생각에 잠겼다.

"………………………………"

한참을 말없이 생각에 잠겨 있던 형님이 다소 밝아진 목소리로 나에게 질문하며 대화를 이어갔다.

"그럼 휴대전화에 있는 전화번호를 왕창 지워 버릴까? 부탁 전화하는 사람들 없게~~"

"그것도 좋은 방법이에요."

"그럼 너부터 지운다. ㅎㅎㅎㅎ"

형님의 목소리에서 다시 힘이 느껴지기 시작했다.

"콜~~ 형님은 제 번호 지우세요. 제가 형님번호 저장하고 있으니까요^^"

"최 팀장 요즘 심리학 공부하는 거야? 정말 고마워."

"형님~~형님은 늘 충분하세요. 이제 좀 비우고 버리셔도 괜찮아요. 팀도 형님이 안 계셔도 잘 돌아갈 거예요. 그동안 팀원들도 성장했잖아요."

"그렇지?"

"형님을 채우시려면 비우셔야 하잖아요~~"

이날 짧은 코칭 후에, 형님은 튀김 소보루빵 두 개를 나눠 주었고, 휴직은 하지 않았다.

대화를 나누고 두 달 뒤에 만난 형님은 한결 편해 보였다. 요즘은 어떠냐는 질문에, "'살기 위해서 금주합니다. 도와주세요!'라는 글귀로 카톡 프로필을 바꾸고 천 명 이상의 연락처도 휴대전화에서 삭제했더니, 몸과 마음이 예전보다 훨씬 편해졌다."라며 예전처럼 호탕하게 웃으며 대답했다. "누군가의 요청을 거절하면 관계에 문제가 발생하고 그 사람과 어색해지지 않을까 걱정했는데, 전혀 그렇지 않았다."는 말도 덧붙였다. 오히려 건강 회복을 위해 격려를 받았다고 했다. 아마도 형님은 항상 힘들다고 생각했던 삶에서 무엇을 비우고 채워야 하는지 스스로 깨닫고 실천하고 있는 듯했다.

위에 소개한 사례에서 알 수 있듯이, 행복한 삶을 살기 위해서는 무엇이 행복한 활동이고 무엇이 불행한 활동인지 구분할 수 있어야 한다. 즉, 내 삶을 정리할 수 있어야 한다. 지금부터 행복한 삶을 위해 내 삶을 정리하는 방법을 서울대학교 행복연구센터의 자료를 근거로 소개하고자 한다.

서울대학교 행복연구센터에서는, '행복 칼로리표'를 통해 한국 사람이 일상에서 경험하는 즐거움의 순간과 그 순간 경험하는 의미에 관한 것을 소개했다. 그래프에서 X축은 의미, Y축은 즐거움을 나타내기 때문에 1사분면은 즐거움과 의미가 상대적으로 강한 활동들, 2사분면은 즐거움은 강하나 의미는 약한 활동들, 3사분면은 즐거움과 의미가 모두 약한 활동들, 4사분면은 즐거움은 약하나 의미는 강한 활동이라고 보면 된다.

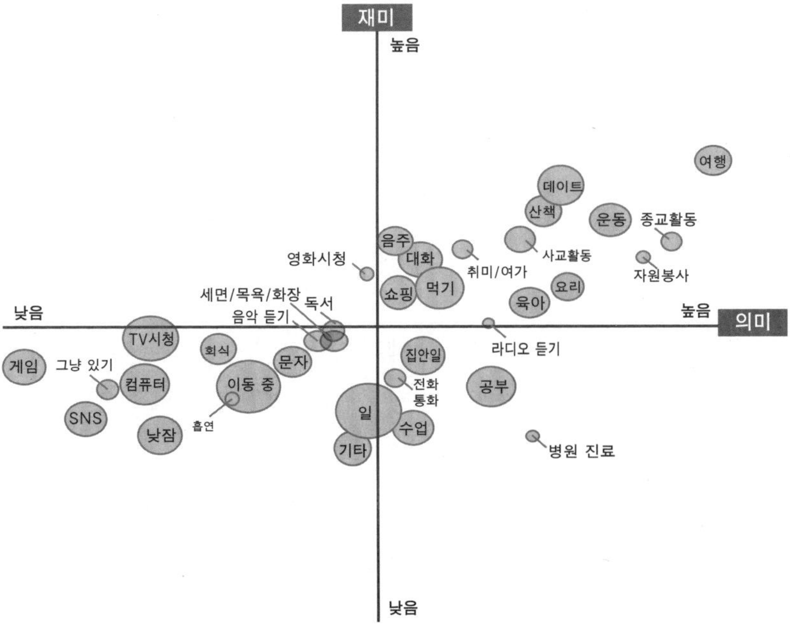

[행복 칼로리표] 출처: Choi, Catapano & Choi(2017)

내가 무엇을 비우고 채워야 하는지 막연하다면, 행복 칼로리표를 작성해 보는 것도 행복한 삶을 찾는 좋은 방법이 될 것이다. 내가 좋아하는 일, 해야만 하는 일, 하고 싶은 일 등 비우고 채워야 하는 것이 무엇인지 알 수 있기 때문이다.

내 삶을 비우고 채우는 일, 그 시작이 바로 행복한 삶의 시작이다.

번아웃 상태에서 행복을 되찾기 위한 Tips ②

- 삶에서 비우고 채워야 할 일들 리스트 작성해 보기(행복 칼로리표)
- 재미와 의미가 있는 일 중 지금 바로 할 수 있는 일부터 실행하기
- 행복감을 느꼈던 일들을 주변 사람들에게 이야기하기

나에게 질문하기

- 내가 채우고 싶은 것은 무엇인가?
- 내가 채우기 위해 먼저 비워야 하는 것은 무엇인가?

스트레스 제대로 알기

번아웃 증후군은 '다 불타서 없어진다'고 해서 '소진증후군, 연소증후군, 탈진증후군'이라고도 한다. 퇴근 후 저녁 시간, 주말에도 틈만 나면 쉬고 싶은 직장인들에게서 가장 많이 터져 나오는 단어이기도 하다. 이번 장에서는 번아웃의 원인 중 하나인 스트레스에 대해 알아보고, 스트레스에서 탈출하는 법을 소개하고자 한다.

먼저 번아웃 경고 증상부터 알아보자.

번아웃 경고 증상

① 매사에 무기력하고 에너지가 떨어진 느낌이다.

② 사소한 일에도 쉽게 짜증이 나고 화가 자주 난다.

③ 일을 열심히 하다가도 갑자기 모든 것이 부질없다는 생각이 들어 급속도로 나약해진다.

④ 늘 감기, 요통, 두통과 같은 질환에 시달린다.

⑤ '우울하다'고 말할 기운도 없을 정도로 감정의 고갈 상태에 있다.

또한, 위의 번아웃 경고 증상이 나타나는 원인이 스트레스이기 때문에, 번아웃을 논할 때 빼놓을 수 없는 것이 바로 '스트레스'다. 사회생활을 하면서 스트레스에서 자유로운 사람은 찾아보기 힘들 것이다. 그런데 누구나 스트레스를 받지만, 모두가 스트레스로 인해 번아웃에 빠지지는 않는다. 심하지 않은 스트레스는 긍정적으로 작용하기도 한다. 스트레스도 어떻게 관리하느냐에 따라 내가 하는 일을 더 잘할 수 있도록 자극을 주기도 하기 때문이다. 반면에 과도한 스트레스나 장기간의 스트레스는 정신과 신체에 해로울 수 있다. 스트레스를 유발하는 원인은 다양하지만, 가장 일반적인 원인은 다음의 네 가지다.

1. 생존 스트레스

자신에게 위협이 되는 상황이거나 공포감에 휩싸이면 우리는 그 상황이나 공포의 대상에서 벗어나기 위해 본능적으로 싸우거나 도망치기 위해 에너지를 발산한다.

2. 내적 스트레스

내적 스트레스는 심적으로 압박받고 걱정과 불안에 휩싸여 아무것도 할 수 없는 상태를 말한다. 내적 스트레스가 심한 사람들은 스트레스 상황에 더 강하게 반응하여, 스트레스 상황에서 발생하는 특정 화학물질에 흥분을 느끼기도 하는데 이런 사람들은 스트레스 상황을 찾아다니기까지 한다.

3. 환경적 스트레스

친구, 가족, 교통체증, 공사장 소음 등 내 삶의 주변에서 일어나는 스트레스 환경을 말한다. 환경적 스트레스는 그 원인을 찾아 피하거나 대처하게 되면 스트레스를 받는 정도를 낮출 수 있다. 물론, 환경적 스트레스의 원인을 잘 찾지 못하는 사람도 있다.

4. 직장 스트레스

직장 스트레스는 주로 일과 사생활의 불균형이나 과로 때문에 발생한다. 직장 스트레스는 많은 직장인에게 나타나며, 오랜 시간에 걸쳐 쌓이기 때문에 건강에 치명적인 타격을 줄 수도 있다. 이러한 직장 스트레스는 휴식시간을 포함해 시간관리를 어떻게 해야 하는지 모르기 때문에 발생한다. 또한, 직장생활을 하며 받는 스트레스를 당연하게 여기기 때문에 조절하거나 관리하기 어려운 스트레스이기도 하다.

그렇다면 위에 소개한 스트레스들은 어떻게 관리해야 하는가? 스트레스를 조절하고 관리할 수 있도록 다음의 여섯 가지 방법을 제안한다.

1) 두려움과 집착 버리기

번아웃에 빠진 사람 중에는 아직 일어나지도 않은 일에 관한 두려움과 과거의 결과에 지나치게 집착하는 사람들이 많다. 과거에 일어났던 결과와 아직 일어나지 않은 미래의 일을 바꿀 수는 없다. 우리가 할 수 있는 적절한 생활 태도는 과거의 결과로 만들어졌고, 미래의 일을 준비하는 현재에 최선을 다하는 것뿐이다.

2) 생각 정리하기

스트레스는 과거의 경험을 정리하지 못하기 때문에 발생하기도 한다. 즉, 스트레스를 받았던 과거의 유사한 상황을 마주하게 되면 다시 스트레스에 빠지게 된다. 우리가 의식적으로 하는 생각들이 무의식으로 전달될 때 무의식은 이러한 의식적인 생각들이 실제인지 가상인지를 구분하지 못하기 때문에, 의식적으로 스트레스 상황을 만났을 때 그렇지 않다고 생각을 정리해야 한다. 지나친 생각은 불길한 상상을 하게 하고, 그 상상 때문에 일어나는 고민은 두려움과 공포감을 유발하게 되어 스트레스에 더욱 빠지게 만들기 때문이다.

3) 단호해지기

사회생활은 관계 속에서 이루어지는데, 누군가의 부탁을 거절하기란 어려운 일이기도 하다. 하지만, 내가 처한 상황과 나의 상태를 고려한 거절은 번아웃에 빠지지 않기 위해 단호함은 중요한 의사소통의 기술이라 할 수 있다. 부탁이 버거워 스트레스의 원인이 된다면 단호해지자.

4) 카페인 멀리하기

카페인은 아드레날린 같은 스트레스 호르몬 분비를 촉진한다. 많은 사람이 스트레스를 받은 상황에서 커피와 같은 카페인 음료를 섭취하는 것은 스트레스 호르몬 분비를 촉진해 스트레스를 가중하는 것이나 다름없다. 카페인 음료를 줄이는 것은 스트레스 호르몬 수치를 낮추고 걱정을 줄이는 효과가 있다.

5) 운동하기

운동은 스트레스를 줄이는 세로토닌이라는 화학물질을 분비시키고, 혈액순환이 촉진되어 심장마비와 뇌졸중 예방에도 효과적이다. 또한, 운동은 행복감을 향상하여 일상에서 받는 답답함과 분노 등을 해소하는 건설적인 방법이기도 하다.

6) 시간 관리하기

회사에서나 가정에서 일할 때, 부족한 시간 때문에 스트레스를 받는 상황을 자주 맞이하게 된다. 이렇게 시간 부족 때문에 스트레스를 받는다면, 일을 시작하기 전에 계획을 수립하고, 일의 진행 과정에서는 계획했던 일의 진척 상황을 점검하여 남은 일정들을 조정하는 시간관리가 필요하다.

지금까지 번아웃의 가장 큰 원인인 스트레스 관리법에 대해 알아보았다.

그렇다면 현재 내가 얼마나 스트레스를 받고 있는지 측정해 보자. 지금부터 아래의 43가지 질문을 통해 나의 직장 내 스트레스 지수를 측정해 보자. 하나라도 빠트리면 테스트 결과가 정확하게 나오지 않는다. 이때 질문에 대한 답은 무조건 본인의 현재 상태를 기준으로 한다.

▶ 본 테스트는 한국산업안전공단 KOSHA GUIDE H-67-2012 '직무스트레스요인 측정 지침(2012. 6)'이다.

평가점수 산출 방법은 다음과 같다.

영역별 직무스트레스요인 점수는 다음에 제시한 공식에 의거하여 100점 만점으로 환산한다.

영역별 환산점수 = (해당 영역의 각 문항에 주어진 점수의 합 - 문항 개수)×100 / (해당 영역의 예상 가능한 최고 총점 - 문항 개수)

〈결과에 대한 해석〉

직무스트레스요인의 영역별 환산점수는 〈별표 2〉와 〈별표 3〉에 참고로 제시된 한국 근로자의 성별 중앙값과 비교하여 상대적인 평가를 내릴 수 있다. 또한 회사에서 집단적으로 측정을 실시하였다면 회사 전체의 측정 중앙값을 산출하여 〈별표 2〉 또는 〈별표 3〉의 양식에 기록해 놓고 부서별 평가를 위한 상대적 비교의 참고값으로 사용할 수도 있다.

부서의 특정 영역 직무스트레스요인 환산점수가 회사 중앙값에 비하여 높거나 〈별표 2〉와 〈별표 3〉에 제시된 한국 근로자의 성별 참고값보다 높다는 것은 비교집단에 비해 해당 직무스트레스요인에 상대적으로 더 많이 노출되고 있다는 의미이다.

개인의 특정 영역 직무스트레스요인 환산점수가 한국근로자 중앙값에 비하여 높을 경우, 위에 소개한 스트레스 조절 및 관리 여섯 가지 방법을 실천하며, 번아웃 예방과 스트레스 감소를 위해 노력해 보자.

(별표 1) 한국인 직무스트레스요인 측정도구 항목
(KOSHA GUIDE H-67-2012)*

측정 항목	No.	질 문	전혀 그렇지 않다	그렇지 않다	그렇다	매우 그렇다
물리적 환경	1	근무장소가 깨끗하고 쾌적하다.	4	3	2	1
	2	내 일은 위험하며 사고를 당할 가능성이 있다.	1	2	3	4
	3	내 업무는 불편한 자세로 오랫동안 일을 해야 한다.	1	2	3	4
직무 요구	4	나는 일이 많아 항상 시간에 쫓기며 일한다.	1	2	3	4
	5	현재 하던 일을 끝내기 전에 다른 일을 하도록 지시 받는다.	1	2	3	4
	6	업무량이 현저하게 증가하였다.	1	2	3	4
	7	나는 동료나 부하직원을 돌보고 책임져야 할 부담을 안고 있다.	1	2	3	4
	8	내 업무는 장시간 동안 집중력이 요구된다.	1	2	3	4
	9	업무 수행 중에 충분한 휴식(짬)이 주어진다.	4	3	2	1
	10	일이 많아서 직장과 가정에 다 잘하기가 힘들다.	1	2	3	4
	11	여러 가지 일을 동시에 해야 한다.	1	2	3	4

* 출처: 한국산업안전보건공단, 직무스트레스요인 측정 지침(KOSHA GUIDE H-67-2012) 중, (별표 1) 한국인 직무스트레스요인 측정도구항목, (별표 2) 남성을 위한 영역별 직무스트레스요인 환산점수에 대한 참고값, (별표 3) 여성을 위한 영역별 직무스트레스요인 환산점수에 대한 참고값.
(이 지침은 산업안전보건기준에 관한 규칙 제669조(직무스트레스에 의한 건강장해 예방조치)와 관련하여 근로자의 직무스트레스요인을 측정하는 표준화된 도구와 그 사용방법을 제시하는 데 그 목적이 있다.)

직무 자율	12	내 업무는 창의력을 필요로 한다.	4	3	2	1
	13	업무관련 사항(업무의 일정, 업무량, 회의시간 등)이 예고 없이 갑작스럽게 정해지거나 바뀐다.	1	2	3	4
	14	내 업무를 수행하기 위해서는 높은 수준의 기술이나 지식이 필요하다.	4	3	2	1
	15	작업시간, 업무수행과정에서 나에게 결정할 권한이 주어지며 영향력을 행사할 수 있다.	4	3	2	1
	16	나의 업무량과 작업스케줄을 스스로 조절할 수 있다.	4	3	2	1
관계 갈등	17	나의 상사는 업무를 완료하는 데 도움을 준다.	4	3	2	1
	18	나의 동료는 업무를 완료하는 데 도움을 준다.	4	3	2	1
	19	직장에서 내가 힘들 때 내가 힘들다는 것을 알아주고 이해해 주는 사람이 있다.	4	3	2	1
	20	직장생활의 고충을 함께 나눌 동료가 있다.	4	3	2	1
직무 불안정	21	지금의 직장을 옮겨도 나에게 적합하 새로운 일을 쉽게 찾을 수 있다.	4	3	2	1
	22	현재의 직장을 그만두어도 현재 수준만큼의 직업(직장)을 쉽게 구할 수 있다.	4	3	2	1
	23	직장사정이 불안하여 미래가 불확실하다.	1	2	3	4
	24	나의 직업은 실직하거나 해고당할 염려가 없다.	4	3	2	1
	25	앞으로 2년 동안 현재의 내 직업을 잃을 가능성이 있다.	1	2	3	4
	26	나의 근무조건이 상황에 바람직하지 못한 변화(예, 구조조정)가 있었거나 있을 것으로 예상된다.	1	2	3	4

조직 체계	27	우리 직장은 근무평가, 인사제도(승진, 부서배치 등)가 공정하고 합리적이다	4	3	2	1
	28	업무수행에 필요한 인원, 공간, 시설, 장비, 훈련 등의 지원이 잘 이루어지고 있다.	4	3	2	1
	29	우리 부서와 타 부서 간에는 마찰이 없고 업무협조가 잘 이루어진다.	4	3	2	1
	30	근로자, 간부, 경영주 모두가 직장을 위해 한마음으로 일을 한다.	4	3	2	1
	31	일에 대한 나의 생각을 반영할 수 있는 기회와 통로가 있다.	4	3	2	1
	32	나의 경력개발과 승진은 무난히 잘 될 것으로 예상한다.	4	3	2	1
	33	나의 현재 직위는 나의 교육 및 경력에 비추어볼 때 적절하다.	4	3	2	1
보상 부적절	34	나의 직업은 내가 평소 기대했던 것에 미치지 못한다.	1	2	3	4
	35	나의 모든 노력과 업적을 고려할 때, 봉급/수입은 적절하다.	4	3	2	1
	36	나의 모든 노력과 업적을 고려할 때, 나는 직장에서 제대로 존중과 신임을 받고 있다.	4	3	2	1
	37	나는 지금 하는 일에 흥미를 느낀다.	4	3	2	1
	38	내 사정이 앞으로 더 좋아질 것을 생각하면 힘든 줄 모르고 일하게 된다.	4	3	2	1
	39	나의 능력을 개발하고 발휘할 수 있는 기회가 주어진다.	4	3	2	1
직장 문화	40	회식자리가 불편하다.	1	2	3	4
	41	나는 기준이나 일관성이 없는 상태로 업무 지시를 받는다.	1	2	3	4
	42	직장의 분위기가 권위적이고 수직적이다.	1	2	3	4
	43	남성, 여성이라는 성적인 차이 때문에 불이익을 받는다.	1	2	3	4

※ 측정 항목 정의

측정 항목	정 의
물리적 환경	근로자가 노출되고 있는 직무스트레스를 야기할 수 있는 환경요인 중 사회심리적 요인이 아닌 환경 요인을 측정하며, 공기오염/작업방식의 위험성/신체부담 등이 이 영역에 포함된다.
직무 요구	직무에 대한 부담 정도를 측정하며, 시간적 압박/중단상황/업무량 증가/책임감/과도한 직무부담/직장 가정 양립/업무 다기능이 이 영역에 포함된다.
직무 자율	직무에 대한 의사결정의 권한과 자신의 직무에 대한 재량활용성의 수준을 측정하며, 기술적 재량/업무예측 불가능성/기술적 자율성/직무수행권한이 이 영역에 포함된다.
관계 갈등	회사 내에서의 상사 및 동료 간의 도움 또는 지지 부족 등의 대인관계를 측정하며, 동료의 지지/상사의 지지/전반적 지지가 이 영역에 포함된다.
직무 불안정	자신의 직업 또는 직무에 대한 안정성을 측정하며, 구직기회/전반적 고용불안정성이 이 영역에 포함된다.
조직 체계	조직의 전략 및 운영체계/조직의 자원/조직 내 갈등/합리적 의사소통 결여/승진가능성/직위 부적합을 측정한다.
보상 부적절	업무에 대하여 기대하고 있는 보상의 정도가 적절한지를 측정하며, 기대부적합/금전적 보상/존중/내적동기/기대 보상/기술 개발기회가 이 영역에 포함된다.
직장 문화	서양의 형식적 합리주의 직장문화와는 다른 한국적 집단주의 문화(회식, 음주문화)/직무갈등/합리적 의사소통체계 결여/성적 차별 등을 측정한다.

(별표 2) 남성을 위한 영역별 직무스트레스요인 환산점수에 대한 참고값 (KOSHA GUIDE H-67-2012)

영 역	개인/부서 점수	회사 중앙값	한국 근로자 중앙값	점수의 의미
물리적 환경			44.5	참고값보다 클수록 물리환경이 상대적으로 나쁘다.
직무요구			50.1	참고값보다 클수록 직무요구도가 상대적으로 높다.
직무자율			53.4	참고값보다 클수록 직무자율성이 상대적으로 낮다.
관계갈등			33.4	참고값보다 클수록 관계갈등이 상대적으로 높다.

직무불안정			50.1	참고값보다 클수록 직업이 상대적으로 불안정하다.
조직체계			52.4	참고값보다 클수록 조직이 상대적으로 체계적이지 않다.
보상부적절			66.7	참고값보다 클수록 보상체계가 상대적으로 부적절하다.
직장문화			41.7	참고값보다 클수록 직장문화에 상대적으로 문제가 있다.

(별표 2) 여성을 위한 영역별 직무스트레스요인 환산점수에 대한 참고값 (KOSHA GUIDE H-67-2012)

영 역	개인/부서 점수	회사 중앙값	한국 근로자 중앙값	점수의 의미
물리적 환경			44.5	참고값보다 클수록 물리환경이 상대적으로 나쁘다.
직무요구			54.2	참고값보다 클수록 직무요구도가 상대적으로 높다.
직무자율			60.1	참고값보다 클수록 직무자율성이 상대적으로 낮다.
관계갈등			33.4	참고값보다 클수록 관계갈등이 상대적으로 높다.
직무불안정			50.1	참고값보다 클수록 직업이 상대적으로 불안정하다.
조직체계			52.4	참고값보다 클수록 조직이 상대적으로 체계적이지 않다.
보상부적절			66.7	참고값보다 클수록 보상체계가 상대적으로 부적절하다.
직장문화			41.7	참고값보다 클수록 직장문화에 상대적으로 문제가 있다.

번아웃 상태에서 행복을 되찾기 위한 Tips ③

- 번아웃 경고 증상 알아차리기
- 내가 받는 스트레스의 원인 찾기
- 스트레스 관리 여섯 가지 방법 중 바로 할 수 있는 것부터 실행하기

나에게 질문하기

- 내가 스트레스를 가장 심하게 받는 곳은 어디인가?
  (가정, 회사, 친구 관계, 부모, 형제, 처가 등)
- 무엇이 나를 스트레스받게 하는가?
- 스트레스를 받지 않는 나는 어떤 모습인가?
- 스트레스 해소를 위해 무엇을 하고 있는가?
- 만약, 내가 다른 사람에게 스트레스를 주고 있다면, 어떤 점에서 그러한가?

나

나는 결국 내가 궁지에 빠졌을 때, 내 일은 나 자신에게 의탁하는 것이 가장 상책이라고 생각하게 되었다. 사람은 무슨 일에 있어서나 남의 도움을 바랄 뿐이지 자기 스스로의 도움에 의탁할 마음은 적다. 그러나 남의 도움이라는 것은 늘 확실치 못한 것이다. 작은 대로, 부족한 대로 가장 확실한 것은 나 자신 속에서 찾는 힘이다. 나는 내 몸을 나의 마음에 맡기는 것이 무엇보다도 가장 확실하고 안전한 것임을 깨닫게 되었던 것이다.

[M.E. 몽테뉴 / 수상록(隨想錄)]

틈틈이 '도끼의 날' 돌보기

나는 한국영화와 할리우드 영화들을 주로 보는데, 가끔 보는 힐링 드라마와 같은 영화도 있다. 잔잔하고 섬세한 감정 터치와 대사, 관계 설정, 소품 등이 일상에서 놓치며 살았던 감정과 관계의 회복, 일상의 깨달음을 간접적으로 경험하기 때문이다.

어느 해인지 기억나진 않지만, 봄철에 보았던 〈행복한 사전〉이라는 영화도 그랬다. 횟집에서 일하는 여자가 남자 친구에게 했던 대사에서 앞만 보고 달려가듯 일하는 것보다 재충전이 일을 더 잘 수 있게 해 준다는 일상의 깨달음을 경험했다. 여배우는 횟집에서 요리를 배우는 신입 요리사였는데, 늦은 밤 칼을 갈고 있는 모습을 섬뜩하게 느낀 남자친구에게 칼을 가는 의미를 이렇게 표현했다.

"칼을 갈고 있으면 마음이 편해져. 여러 가지를 리셋할 수 있거든."

나무꾼이 나무를 할 때도 마찬가지다. 쉬지 않고 계속 도끼질을 하던 나무꾼과 나무 그늘 밑에서 쉬어 가며 일을 하던 나무꾼 중 누가 나무를 더 많이 했을까? 당연히 쉬면서 에너지를 충전하고 도끼날을 갈며 도끼의 성능을 유지했던 나무꾼이 훨씬 더 많은 양의 나무를 할 수 있었다.

온종일 힘들게 도끼질을 하며 나무를 해야 하는 나무꾼에게 정말 필요한 것은 휴식과 도끼의 날을 가는 일이었다. 과로한 상태로 개인적인 시간을 충분히 갖지 못하면 몸과 마음(정신력)에 문제가 발생할 수 있다. 휴식과 긴장을 풀기 위해서 하루에 일정 시간은 무조건 쉬어야 하는 이유가 여기에 있다. 휴식을 취하는 방법은 저마다 다르겠지만, 반신욕과 족욕, 거품 목욕 등도 몸과 마음의 휴식에 도움을 준다. 자기 전에 음악을 들으면서 나만의 조용한 시간을 가져 하루를 정리하고 마음을 가다듬는 시간도 괜찮다.

그리고 무엇보다 도끼의 날을 무디게 만드는 것이 스트레스인데, 스트레스 해소에 가장 중요한 것 또한, 휴식이다. 연구결과에 따르면 규칙적인 휴식은 심장마비 발병률 감소, 정신건강 유지, 면역체계와 기억력 강화, 스트레스 경감에 효과가 있다고 한다. 스트레스 상태에서는 숙면을 할 수 없어서 휴식을 통해 걱정과 근심을 내려놓아야 잠을 깊이 잘 수 있다. 숙면은 방전된 체력을 보충해주기 때문에 다음날 스트레스를 더 잘 견뎌낼 수 있도록 해 주는 스스로 할 수 있는 가장 쉬운 방법이다.

미국의 발명가 T.A. 에디슨은, "내가 80세의 나이까지 원기 왕성하게 연구를 쉬지 않고 계속할 수 있는 비결이란 다른 것이 아니다. 나는 다만 쓸데없이 피로하게 안 했을 뿐이다. 앉을 수 있는 곳에서는 앉고 누울 수 있는 곳에서는 누워 쉬었다. 쓸데없이 몸을 일으키고 서 있지 않았다."라고 하며, 휴식이 80세의 나이에도 왕성하게 연구를 지속할 수 있는 비결이라고 말했다.

그리고 자동차 왕 H. 포드는 "일만 알고 휴식을 모르는 사람은 브레이크가 없는 자동차와 같은 것으로 위험하기 짝이 없다. 그러므로 일할 줄 모르는 사람은 모터가 없는 자동차와 마찬가지로 아무 소용도 없다."라는 말로 일과 휴식의 균형을 언급하기도 했다.

굳이 에디슨과 포드의 말을 빌리지 않아도 일과 휴식의 균형이 얼마나 중요한지 모르는 사람은 없다. 눈앞의 현실과 목표도 중요하겠지만, 앞으로 오랫동안 살아야 하는 나를 위한 배려심으로 일과 휴식의 균형을 유지해야 한다. 휴식은 어제도 오늘도 열심히 일해 왔고 앞으로도 최선을 다할 나에게 재충전과 남들보다 뛰어난 결과를 선물해 줄 것이기 때문이다.

내가 가진 도끼의 성능을 유지하기 위한 Tips

- 하루에 일정 시간 이상 반드시 휴식하기
- 스트레스를 받았다면 반드시 휴식으로 스트레스를 풀고 숙면 취하기

나에게 질문하기

- 일을 잘 해낼 수 있는 나만의 도끼는 무엇인가?
- 지금 나의 도끼는 어떤 상태인가?
- 휴식과 도끼의 날을 갈기 위해 내가 해야 하는 행동은 무엇인가?

내가 아니면 안 된다는 생각 버리기

불과 몇 년 전까지 스스로 '나는 미다스(Midas)의 손'이라고 믿으며 살아왔다. 아니, 회사에서 그렇게 자신하며 일을 해왔다고 하는 게 더 적합한 표현이다.

'내가 하지 못하는 일도 없고, 하지 않을 일도 없다.'고 생각하며 살았다.

이 문장은 어떤 일도 회사에서 원한다면, 다 해낼 수 있음을 스스로 세뇌하는 주문이기도 했다.

하지만 신화에서 만났던 미다스가 만지는 모든 물건을 황금으로 만드는 능력이 욕심에 의한 재앙이라는 것을 가족과 주변의 모든 것을 잃기 전까지 깨닫지 못했듯이, 나도 그런 삶을 살아왔다. 미다스처럼 재앙을 깨닫지 못하고 스스로 미다스라고 세뇌하며 살았기 때문에, 건강과 돈 그리고 가족과 함께할 수 있었던 행복한 시간까지 모두 잃어버리는 경험들을 자주 겪었었다.

삶의 재앙은 몸을 제대로 돌보지 않아 발생한 결과들이었는데, 창피하지만 글을 빌어 이야기하자면 다음과 같다. 군대에서 허리를 다쳐 지금까지 수술 두 차례, 첫 회사에서 전 직원이 스키장에 놀러 갔다가 사고로 오른쪽 무릎을 다쳐 세 차례 수술을 경험했다. 물론, 맹장수술도 건너뛰지 않고 받았다. 맹장수술도 수술 부위에 염증이 생겨 한 달 이상 매일 병원에 다니며 치료를 받아야만 했다. 이 모든 일이 한 번으로 끝나지 않았던 가장 큰 이유가 제대로 요양을 하지 않고 조급함에 일을 시작했기 때문이었다.

그런데 수술 경력은 여기서 끝이 아니다. 하이라이트는 과로로 인한 췌장과 담도 주변 종양 수술이었다. 내가 겪었던 어떤 수술보다 힘들었고, 재활 기간도 길었다. 다행히 종양은 암이 아닌 결핵이었는데, 꼬박 1년 동안 아침 공복에 독하디독한 결핵약을 먹어야 했다. 그런데 과거 수술 경력에서도 보듯이 한 번에 깔끔하게 마무리된 적이 없는 것처럼 종양 수술도 재수술을 받아야만 했다. 자세히 얘기하자면, 첫 번째 종양 제거 수술 후, 담도가 손상되어 담즙이 흘러나와 모든 장기에 이상이 생겼고, 숨도 쉬기 어려울 만큼 배가 불러와 응급실로 재입원을 한 뒤 복수를 빼내는 수술을 받았다. 첫 번째 개복수술을 하게 된 것도 뱃속에 온통 결핵 덩어리가 차도록 식은땀과 구토, 불면, 어지러움 등 최악의 상황이 되기까지 여러 가지 증상들이 있었지만, 일을 핑계로 병원에 가기는커녕, 휴가도 사용하지 않고 월화수목금금금, 매일 새벽에 출근하고 밤 11시 넘어 퇴근하며, 몸을 학대한 결과였다. 이렇게 자신을 혹사하는 것도 모자라 주말에는 아내까지 회사에 나오게 해 일을 돕도록 했다. 돌이켜 보면 일에 미쳤던 건지, 회사에서 죽고 싶을 만큼 회사가 좋았던 건지, 도무지 알 수 없는 '미친 짓' 그 자체였다. 아니, 정말 미쳤었다.

다시 신화로 돌아오면, 미다스는 자신이 상으로 받았던 황금을 만드는 손이 재앙임을 깨닫고, 디오니소스에게 절규하며 재앙을 거두어 주기를 애원한 결과, '파크톨로스 강'에서 목욕을 하면 재앙이 거두어지도록 자비를 구할 수 있었다.

미다스에게 '파크톨로스 강'이 신의 자비였다면, 나는 스스로 겪었던 '힘들었던 경험들이 마음속의 파크톨로스 강'이 되어 불행했던 과거를 씻고 반성하며 삶의 방향을 다시 설정할 수 있었던 신의 선물이었음을 깨달았다.

"내가 최고라는 생각보다는 내 삶의 과정에 최선을 다하겠다는 현실적인 삶의 태도로 남은 생을 살아가겠다"고 글을 빌려 다짐해 본다. 이 글을 읽는 분 중에, '내가 아니면 안 된다'는 생각으로 사는 분들이 있다면, 인간은 누구든 미다스가 될 수 없음을 기억하기 바란다.

후회하지 않는 삶을 만들기 위한 Tips

- 인간은 절대로 '미다스의 손'이 될 수 없음을 기억하고 무리하지 않기
- 내가 아니면 안 된다는 생각 버리기

나에게 질문하기

- 나의 무리한 욕망이 무엇을 잃게 만들었는가?
- 나는 파크톨로스 강에 어떤 경험을 속죄할 것인가?

'~때문에'보다는 '~위해'로 인생 살기

코칭을 하면서 삶에 지쳐 회사 생활을 제대로 하지 못하고 있는 분들을 자주 만난다. 이런 분들을 만날 때면, 같은 직장인으로서 그분들이 힘들어하는 상황을 깊이 공감하게 된다. 이 장에서는 번아웃에 깊이 빠져 있다고 호소하던 분의 코칭 사례를 통해 감정도 선택의 문제임을 이야기해 보려 한다. 코칭을 의뢰한 분은 회사 내 업무에 대한 중압감과 관계의 어려움으로 '번아웃(Burn-out)'에 깊이 빠져 있다고 느끼고 있던 분이었다. 코칭은 점심식사를 포함해 3시간 넘게 진행됐는데, 책에서는 주요 내용 중심으로 소개하고자 한다.

상황의 이해를 돕기 위해 대화체로 재구성했다.

“요즘 회사 생활은 어떠세요?” 코칭은 저자의 질문으로 시작됐다.

“아~~일이 손에 잡히지도 않고, 내가 뭐 하고 있나? 싶기도 하고~~ 답답합니다.”

“그러시군요. 요즘 많이 힘드시겠네요. 그럼, 회사에서는 어떤 일을 하고 계시는가요?”

“저는 회사에서 지방 사업장으로 출장을 다니며 관리하는 업무를 맡고 있습니다.”

고객의 목소리에는 힘이 없었고, 코치의 눈도 제대로 쳐다보지 못했다.

“지방 사업장으로 다니며 관리하시려면 힘드시겠네요. 혹시, 고객님의 답답함이 출장 때문인가요?”

“음~~출장 때문만은 아니구요. ‘내가 일을 제대로 하는 건가? 하는 생각이 들거나, 출장을 다니며 일을 하다 보니, 고정된 장소에서 일하는 사람들에 비해 뒤처진다’는 생각이 들 때 주로 답답합니다.”

“‘일을 제대로 하고 있는지, 나만 뒤처지는 건 아닌지’ 하는 생각이 들만 한 계기가 있었나요?”

“팀장이 워낙 깐깐하고 바라는 수준이 너무 높아서 제가 보고를 할 때마다 깨지곤 하거든요.” 팀장 이야기를 하는 고객의 얼굴은 굳어 보였고, 답답함의 원인을 찾기 위해 좀 더 구체적으로 질문을 했다.

“팀장에게 보고는 얼마나 자주 하시나요?”

“뭐, 그렇게 자주 하지는 않구요. 아주 가끔 메일로 보고하고 전화로 대화를 하다가 깨지곤 합니다.”

“아주 가끔이라면, 그 주기를 말씀해 주실 수 있을까요?”

"한 달에 한 번 정도 될 것 같아요."

회사 생활을 하면서 한 달에 한 번 정도 팀장과 업무 관련한 통화를 하면서 팀장에게 혼이 난다는 고객의 사연이 직장생활을 하는 사람으로서 이해가 되지 않았다. 이어진 대화에서 고객은 "다른 팀원들은 팀장에게 업무적으로 본인처럼 자주 혼이 나는 것 같지는 않다"라고 얘기했다. "그렇게 생각하시는군요. 그렇다면 다른 팀원들이 팀장에게 혼나지 않는 이유는 뭐라고 생각하세요?"

이 질문에 고객은 한동안 말을 하지 않고 생각에 잠기는 듯하더니, 다음과 같이 대답했다. "음~~생각해 본 적은 없는데, 다른 팀원들은 깨져도 계속해서 보고를 하는 것 같아요. 그리고 팀장과 자주 대화를 하니까 팀장이 무슨 생각을 하는지 저보다 훨씬 더 잘 알고 있을 거구요. 아마도 이런 점들이 저와 차이점인 것 같아요."

다른 팀원들과 본인의 차이를 깨달은 고객에게, "그럼 앞으로 팀장과 관계 유지를 어떻게 하시겠어요?"라는 질문에 다음과 같은 실행계획을 얘기했다.

"앞으로 회사 업무와 업무 외적인 대화를 포함해서 팀장에게 먼저 연락하고 자주 대화를 시도하겠습니다. 뭐, 계속 부딪혀 보면 깨지기만 하겠어요. 저와 팀장도 통하는 부분이 있을 것 같아요."라는 약속을 하고 코칭을 마칠 수 있었다.

사례에서 보듯이, 상황을 만드는 것은 내가 아닐 수도 있다. 하지만, 상황에 대처하고 그 과정의 주체가 되는 것은 '나의 선택'이다. 〈분노의 질주 더 익스트림〉 편에서 악당 사이퍼는, "필요에 의한 것은 없다. 모든 것은 선택의 문제"라는 대사를 통해 목적 달성을 위한 선택의 중요함을 얘기했다. 심리학자 E. 프롬도 인간의 마음에서 타인에게 의지하지 않고 본인의 목적을 위한 선택의 중요함을 다음과 같이 언급했다. "우리는 모두 사람으로 태어났다는 사실에 의해, 따라서 끊임없이 선택해야 한다는 과제에 의해 결정되어 있다. 우리는 목적과 함께 수단을 결정하지 않으면 안 된다. 우리는 다른 사람이 구원해 주리라고 의지하지 말고 잘못된 선택은 스스로 자기 자신을 구원하는 것을 불가능하게 만든다는 사실을 깊이 자각해야 한다."

코칭 사례와 명언들이 내가 선택의 주인임을 강조하고 있는데, 그리스 신화에서도 이 점을 언급한 이야기가 있어 소개하고자 한다.

그리스 신화에 나오는 영웅인 헤라클레스는 자라날 때부터 훌륭한 교육을 받았다. 아버지 안피트리온에게서는 전투용 마차 타는 방법을 배웠고, 아우톨리코스에게서는 씨름을, 에우리토스에게서는 궁술을, 카스토르에게서는 무기 다루는 법을, 리노스에게서는 키타라(kithara) 뜯는 방법을 배웠다.

하루는 리오스가 어린 헤라클레스를 꾸짖자, 헤라클레스는 키타라로 그를 때려 쓰러뜨렸다. 안피트리온은 아들의 격렬한 기상에 놀라 키타론 산으로 보내어 목장에서 소 떼를 돌보게 했다. 그러나 그는 그곳에서 달아나 키가 6척에 이르고 팔 힘은 따를 사람이 없고, 온 정기는 불길처럼 타고, 활쏘기와 창던지기의 궁술을 익혀 뛰어난 솜씨를 갖게 되었다. 헤라클레스가 이 키타론 산에서 자기의 앞날을 생각하며 고민하고 있을 때, 미덕과 쾌락이 여자의 모습을 하고 나타나 각기 그를 유혹하였는데, 그는 안이와 향락을 버리고 미덕을 따르며 노력의 길을 택하기로 했던 것이다. 이것을 '헤라클레스의 선택'이라고 한다.

나의 선택은 남이 대신할 수 없다. 선택을 못 하고 있는 이유를 외부의 문제로 돌리는 삶은 하지 못하는 이유만 찾게 만들어 목적을 달성할 수 없게 만든다. 이렇게 일을 하지 못하거나 하지 않을 이유와 핑계를 일삼는 삶을 '원인이 이끄는 삶'이라 하고, 내 삶의 목적을 달성하기 위해 그 누구의 선택이 아닌 나의 선택을 통한 과정을 '목적이 이끄는 삶'이라 한다.

누가 내 삶의 목적을 위해 선택을 대신할 수 있겠는가? 만약, 누군가 대신 선택을 해 주었다 하더라도, 그 선택은 내 삶의 목적을 위한 도움일 뿐이다.

목적이 이끄는 삶을 살기 위한 Tips

- 나의 상황을 외부에서 찾기보다 나의 태도에서 찾아보기
- 어떤 일이든 남이 대신해 줄 일을 찾기보다 내가 할 수 있는 일을 찾아 실행하기

나에게 질문하기

- 내가 선택해야 할 일은 무엇이며, 그 선택의 기준은 무엇인가?
- 선택을 했다면, 변화를 위한 과제는 무엇인가?

• 메 모 •

2장

멋있는 삶의 조건

당신이 배를 만들고 싶다면,
사람들에게 목재를
가져오게 하고, 일을 지시하고,
일감을 나눠주는 일을
하지 말라.
대신 그들에게
저 넓고 끝없는
바다에 대한
동경심을 키워줘라.

- 생텍쥐페리 -

직장에서도 자유로운 직업인

당신이 일에 쏟아붓는 시간이 중요한 게 아니다. 중요한 것은 당신이 시간을 쏟아붓는 일 그 자체이다.

[샘 유잉]

'직장인'보다 '직업인'으로 살기

우리나라의 정년퇴직 나이는 만 60세다. 몇 년 전까지 만 55세였던 정년이 연장된 것인데, 아내는 정년 연장을 환영하며 좋아하기까지 했다.

그런 아내에게, "55세까지 일하는 것도 힘든데, 60세까지 일하라고 하는 거야?"라며 농담 반 진담 반의 푸념을 했었다.

사실 요즘 시대에는 60세 이후에도 일을 해야만 한다. 은행대출금도 갚아야 하고 자식들 결혼시키고, 부부의 노후까지 준비하기에 만만한 시대가 아니기 때문이다. 설상가상으로 다니던 회사에서 60세에 정년퇴직을 하는 것도 어려운 것이 현실이다.

그렇다면 어떤 사람이 다니던 회사에서 60세에 정년퇴직을 하고, 퇴직 이후에도 주변에 인정을 받으며 일을 할 수 있을까?

지면을 빌려 그런 분을 소개하고자 한다. 몇 년 전 위암 수술과 함께 스스로 은퇴를 선택하셨지만, 20대 후반에 호텔리어로 사회생활을 시작하셨고 60세대 중반까지도 호텔의 총지배인으로 왕성한 활동을 하신 분이다.

그분은 인터콘티넨탈호텔과 모 그룹 계열사 리조트 등에서 총지배인을 지내셨다. 그 계열사 리조트에서 퇴임하신 후 몇 년 동안 뵙지 못했었는데, 우연히 그분을 만난 곳은 서울에 있는 모 호텔의 레스토랑이었다. 팀 회식을 위한 자리였는데, 그분은 호텔에서 총지배인으로 일을 하고 계셨기 때문에 우연이지만 만날 수 있었다.

그분은 회사에 계셨을 때도 건강하고 열정적인 모습이었는데, 여전히 60대 중반임에도 건강하고 열정적인 모습으로 총지배인 일을 하고 계신 비결이 궁금해서 다음과 같은 질문을 했다. "어떻게 60대 중반의 연세에 이렇게 큰 호텔의 총지배인으로 일을 하고 계신지요?"

그분은 질문에 다시 질문으로 답을 하셨다.

"최 차장은 지금 직장인으로 살고 있나요? 직업인으로 살고 있나요?"

그분의 질문은 그 자리에 있던 우리 팀원들 모두에게 던져진 큰 질문이었다.

"글쎄요. 직장인과 직업인. 생각해 본 적이 없습니다."

이 답변에 이번에는 당신의 철학을 선물해 주셨다.

"나는 단 한 순간도 회사의 일원인 '직장인'으로 살아 본 적이 없어요. 나는 호텔리어라는 '직업인'으로 평생을 살았어요. 내 직업에서 최선을 다했고, 최고가 되기 위해 노력했죠. 아마도 이런 내 철학이 정년 이후에도 새로운 곳에서 다시 일을 시작할 수 있는 원동력인 것 같아요."

그리고 다시 질문을 던지셨다.

"여러분들은 '직장인'과 '직업인', 어떤 선택을 하실 건가요?"

그분의 말씀은 '나는 내 직업에 대해 어떤 철학을 가지고 있는가?'를 생각하게 하는 계기가 되었고, 다음의 어록들도 직업에 대한 철학을 생각하는 데 도움을 주었다. 첫 번째 어록은 B. 프랭클린의 말이다. "성공을 원하거든 자기 직업을 정확히 정하고 그것을 어디까지나 추구해야 한다." 두 번째 어록은 J. 러스킨의 말로, "인간이 자기 직업에서 행복을 얻으려면 다음의 세 가지가 필요하다. 즉, 그는 그 일을 좋아해야 하고, 그 일을 지나치게 해서는 안 된다. 그리고 그 일이 성공하리라는 신념을 가지고 있어야 한다."라는 것이다.

세 번째 어록은 영국의 속담인데, "아들에게 업(業)을 가르치지 않는 것은 도적을 만드는 것과 다름이 없다."이다.

위의 세 가지 어록들은 직업에 대한 철학을 언급하고 있다. 현실적으로 직업을 선택하거나 일을 할 때 어떤 마음가짐을 가져야 하는지 정리할 수 있도록 도와주는데, 나의 직업이 삶에 어떤 가치가 있는지부터 정리하는 것이 우선이다. 약장사가 보는 풀은 시인이나 산책하는 사람, 농부가 보는 풀의 가치와 다르듯이, 내 직업이 내 삶에서 갖는 가치를 정의하고 추구하는 것이 우선이며, 가장 중요한 마음가짐이다. J. 러스킨이 언급한 "하는 일을 좋아하는 것"도 직업의 가치를 중요하게 생각하고 그 가치를 실현하는 삶을 산다면, 그 일을 좋아해야 하는 이유로 충분하지 않을까. 두 번째로 일을 지나치게 하면 안 되는데, 일을 지나치게 하면 몸과 마음 모두 번아웃 상태가 되어 현재의 나는 물론이고, 미래의 나도 행복한 삶을 살 수 없게 된다. 그렇다면 일을 지나치게 하지 않을 방법은 무엇일까? 답은 일의 목적과 목표를 명확히 설정하는 것이다. 어떤 일을 시작하기 전에 일의 목적과 그 목적을 달성하기 위한 목표를 명확히 설정한 후 일을 한다면, 일을 주도적으로 조율하고 조절할 수 있으므로 번아웃을 예방할 수 있다. 세 번째로 일의 성공을 확신하는 신념을 갖는 것인데, 성공을 확신하기 위해서는 나에 대한 믿음이 우선되어야 한다. '나는 이 일을 반드시 성공할 수 있는 사람'이라는 자기 효능감이 높아야 한다. 자기 효능감은 성공체험을 통해 높일 수 있다. 즉, 작은 성공체험들을 통해 나의 능력을 스스로 인정하고 격려하는 과정들이 자기 효능감을 높여 주는 동기가 된다. 작은 일부터 계획하고 실행하여 성공을 경험했다면, 자기 자신을 칭찬하고 선물하는 과정들을 반복하자.

위에 소개한 일에 대한 가치와 의미를 생각하는 방법들이 직장인이 아닌 직업인으로 살기 위한 나만의 마음가짐이 되고, 정년 이후에도 인정받으며 일을 할 수 있는 철학이 되어 행복한 삶을 살기 위한 디딤돌이 될 것이다.

직업인으로 살기 위한 Tips

- 나의 직업이 삶에 어떤 가치가 있는지 정리하기
- 일의 목적과 목표를 명확히 설정하기
- 나에 대한 믿음 갖기(나는 이 일을 반드시 성공할 수 있는 사람이다)

나에게 질문하기

- 나는 직장인과 직업인, 어떤 모습으로 살고 있는가?
- 정년 이후에도 인정받으며 일을 할 수 있는 나만의 철학은 무엇인가?

직업인으로 성장하기

개인이나 조직이 성장 없이 정체되어 있다면, 다행일까? 아니면 불행일까?

하루가 다르게 변화하고 발전하는 시대에 '성장하지 못한다는 것은, 미래의 불행을 준비하고 있는 것'은 아닐까? 더불어 격변의 시대에 적절히 대응하지 않고 있는 것 또한, 불행을 준비하고 있는 것이리라.

격변의 시대를 맞이하여 미래의 불행을 준비하겠는가? 아니면, 미래의 행복을 위해 지금 노력하겠는가? 내 의지와 상관없이 변화하는 시대에 행복을 준비하는 가장 현실적인 대안은 '성장'이라고 생각하며, 직장에서도 자유로운 직업인으로 성장하는 방법을 이 장에서 소개하려 한다.

영국의 역사가 A.J. 토인비는 저서인 『역사의 연구』에서, "성장이란, 성장하는 개인 또는 문명이 차츰차츰 스스로의 환경, 스스로의 도전자, 스스로의 행동양식이 되어 가는 것을 의미한다. 즉, 자기 결정의 능력이 증대한다는 그것이다."라고 했다.

변화의 시대를 살아가기 위한 자기 결정능력 증대가 미래의 행복을 준비하는 디딤돌이라 할 수 있다. 그렇다면, 성장은 어떤 역동으로 이루어질까? 간단한 함수로 정의하면 다음과 같다.

"Grow = f(Change * Communication) → G = f(C * C)"

성장(Grow)은 변화(Change)에서 비롯되고, 변화(Change)는 나의 수준을 알아야(Perception) 하며, 나의 수준을 알기 위해서는 나를 오픈(Open)해야 가능하다. 미국의 경영학자인 피터 드러커는, "참된 변화는 물질적인 변화가 아니다. 참된 변화란 관점, 신념, 기대 등 내면에 있는 것이다."라며 내면의 변화를 강조했다. 오픈한다는 의미는 나와 상대방을 인지하고 자각한다는 태도를 포함한다. M. 클라우디우스는 『아시아의 정의』에서, "안다고 생각하고 있는 사람이 똑똑한 것이 아니라, 자기의 모르는 것을 자각하고 있는 사람이 현명한 것이다."라고 언급했다. R. 타고르는, "자기의 존재에 대해 끊임없이 놀라는 것이 인생이다."라는 말로 자각은 삶의 과정임을 이야기했다.

이렇게 나를 오픈한다는 것은 소통(Communication)한다는 것이며, 소통을 원활히 하기 위해서는 겸손(Humility)이 가장 기본이 되는 태도라 할 수 있다. 겸손은 상대방의 상황이나 감정, 의견 등에 공감을 표현하는 태도이기도 하다. 톨스토이는, "겸손할 줄 모르는 사람은 늘 타인만을 비난한다. 그는 다만 타인의 과오만을 잘 안다. 그래서 그 자신의 욕정이나 죄과는 점점 커지게 마련인 것이다."라며 겸손하지 못한 사람의 태도와 문제점을 얘기했다.

『탈무드』에서도 겸손에 관한 내용을 많이 담고 있는데, 다음의 일화는 경험을 통해 겸손이라는 소중한 가치를 체득한 사례다. 어느 경건한 사나이가 라비에게 말했다. "나는 신을 칭송하기 위해 내 능력의 범위 내에서 할 수 있는 한 노력을 다해 왔습니다. 그러나 오늘날 되돌아보면 나는 아무런 진보도 이루지 못했습니다. 나는 이전과 조금도 달라지지 않은 하찮은 사나이로 무지의 덩어리입니다." 라비는 이 말을 듣고 기뻐했다. "당신에게 천 번의 축복이 내리시옵기를. 당신은 전과 다름없는 하찮은 사람이고 아직도 무지의 덩어리라고 말하셨습니다. 당신은 커다란 예지를 배웠습니다. 그것은 겸손입니다." 겸손은 많은 경험과 성찰을 통해 얻기도 하고, 책이나 다른 사람의 배움의 결과에서 간접경험으로 얻기도 한다. 겸손은 경험을 체득하거나 배움과 함께 타인을 배려하는 태도라 할 수 있고 공감을 표현하는 진실된 소통의 시작이다.

소통의 또 하나 중요한 요소로 존경(배려, Regard)이 있다. W.E. 에머슨은 『처세』에서 "인간은 자신이 존중하는 만큼 존중을 받는다."라고 하며, 원활한 소통은 타인에 대한 존중에서 비롯됨을 강조했다. 또한, E. 프롬은 『사랑의 기술』에서 "존경의 어원(respicere: 바라보다)은 사람을 있는 그대로 보며, 그의 고유의 개성을 유의하는 능력을 말한다. 존경이란 상대방이 스스로 성장하고 발전함에 대한 관심을 말한다."라고 하여, 성장과 존경의 관계를 정의하였다.

이렇게 직업인으로 성장하기 위한 성장함수(Grow)를 정리해보면, 나의 변화(Change)와 겸손과 존경(배려)에서 비롯되는 소통(Communication)의 관계를 통해 성장한다고 할 수 있다. 그리고 무엇보다 중요한 것은 성장을 통한 행복은 내가 어떤 태도를 선택하고 실행하느냐에 달려 있다는 것이다.

직업인으로 성장하기 Tips

- 변화를 위한 나의 수준 알기
- 원활한 소통을 위해 겸손함과 존경의 태도 갖기

나에게 질문하기

- 변화와 소통을 통해 어떤 직업인으로 성장하고 싶은가?
- 원하는 성장을 위해 나에게 필요한 태도는 무엇인가?

선배의 '인생지도'에서 배우기

흔히 인생은 여행에 비교되곤 한다. 한 번도 가보지 않은 곳을 여행하기 전 대부분 사람은 내가 가고자 하는 곳에 먼저 갔던 사람들의 경로와 여행 후기를 찾아 꼼꼼히 확인한다. 먼저 여행을 했던 사람들의 후기를 통해, 좋아 보이는 곳은 따라가고, 그렇지 않은 곳은 피하기 위함이다. 즉, 내가 가고자 하는 곳을 먼저 갔던 사람들의 경험을 통해 배우는 것이다. 밤길을 걸어갈 때도 불빛에 비친 앞사람의 그림자를 따라가듯, 삶의 목적을 위해 아직 경험해 보지 못한 인생의 여행을 하고 싶다면, 먼저 그 길을 갔던 사람들의 그림자까지 살펴야 한다.

"산이 커야 그늘이 크다."라는 우리나라 속담이 있다. 살짝 바꿔보면, "산이 크면 그늘도 크다."라는 의미일 것이다. 영국에는, "머리칼 하나라도 그 그림자를 갖는다."라는 속담이 있는데, 작은 일이나 경험도 그 의미가 있다는 교훈을 준다. 커다란 산, 머리칼 한 올도 저마다의 그림자를 갖는데, 미지의 길을 먼저 걸었던 선배들의 삶에는 우리가 경험하지 못한 짙고 의미 있는 그림자들이 무수히 존재할 것이다. 잘 닦인 길일수록 수많은 사람의 노력과 시행착오의 경험들이 함께 있음을 새겨 볼 필요가 있다. 인생의 목적을 이루기 위해 나의 목적과 유사한 길을 먼저 갔던 선배들의 경험을 배워야 하는 이유이기도 하다. 세상의 모든 길은 가 보기 전에는 그 길에 무엇이 있을지 알 수 없으므로, 어떻게 가야 하고 어디로 가야 하는지 알 수 있는 방법은 지도를 보며 가는 것이다. 지도를 만들어 준 선배들이 그 길을 직접 가보고 어디가 바다인지, 어디가 산인지, 어디가 평야인지를 지도에 담아 온 덕분이다.

그렇다면 어떤 선배가 그린 지도를 따라가야 할까? 우선, 내가 추구하는 일의 가치를 먼저 실현했던 선배가 누구인지 찾아야 한다. 이러한 선배를 '멘토(Mentor)' 또는, '롤모델(Role model)'이라고 하는데, 직장 상사, 책 속의 위인이나 성공한 사람들을 멘토 또는 롤모델로 정해도 괜찮다. 롤모델을 정했다면, 다음으로 어떻게 그 선배들이 그린 지도를 따라가야 할까? 그 답은 내가 추구하는 일의 가치 또는 목적을 달성하기 위한 과정을 선배들이 살아온 과정과 비교하면서 따라가는 것이다. 비교를 통해 나의 과정을 수시로 평가하고 수정하며 나만의 지도를 만들어가게 된다.

내가 만든 지도가 후배들에게 또 다른 길라잡이 역할을 하는 지도가 된다고 생각하면, 과정이 담긴 지도를 그려 나가는 나의 삶도 얼마나 소중한가? 그리고 나의 지도를 그릴 수 있도록 길라잡이가 되어 준 선배들의 지도가 있다는 것이 얼마나 감사하고 행복한 삶인가?

나의 인생지도 그리기 Tips

- 내가 추구하는 일의 가치를 먼저 실현했던 선배가 누구인지 찾기
- 내가 추구하는 일의 가치, 목적 달성 과정을 선배의 지도와 비교하고 배우기

나에게 질문하기

- 나는 어떤 길을 가고 싶은가?
- 그 길을 먼저 갔던 선배는 누구인가?
- 그 길을 먼저 갔던 선배의 그림자는 어떤 모습이었으며, 나와 함께 할 그림자는 어떻게 만들어 가겠는가?

걱정 멈추기와 미래 만들기

'지금이 최악의 사태'라고 말할 수 있는 동안은 아직도 최악이 아니다.

[W. 셰익스피어]

걱정이 깊어진다면, 일단 멈추기

"미래를 걱정하고 일을 하면, 미래에 후회하게 된다."라는 말이 있다.

가보지 않은 길이 꼭 가야만 하는 길이라면, 걱정할 시간에 그 길을 잘 갈 수 있는 방법을 생각하는 것이 현명한 선택이다. 반면에 걱정 없는 준비는 일의 목적을 잃게 만들어 방향타 없는 배를 만들기 때문에 준비 과정에 필요한 요소 중에 하나라 할 수 있다.

그런데 너무 많은 걱정 때문에 일을 시작조차 하지 못하고 있다면 어떻게 해야 할까? 답은 일단 멈추고 목적이 무엇이었는지 다시 생각하는 것이다.

"일을 왜 하는가?", "조직은 왜 존재하는가?"라는 질문에서 다시 출발해야 방향을 잃지 않고 미래의 목적으로 향할 수 있다. 이러한 일의 목적과 조직의 존재의 이유는 걱정보다 준비를 하게 만든다. 못할 것 같다고 걱정할 시간에 할 수 있는 일부터 찾아서 실행해 보자.

로마제국의 제16대 황제인 마르쿠스 아우렐리우스는 『명상록』에서, "미래를 생각하며 괴로워하지 말라. 필요하다면 현재의 쓸모 있는 자신의 칼로써 충분히 미래를 향해 서라."라고 하며, 미래를 준비하는 태도를 언급하기도 했다.

또한, B. 파스칼은 그의 저서 『팡세』에서, "우리들은 현재에 대해서 거의 생각하지 않는다. 가끔 생각하는 일이 있어도 그건 다만 미래를 처리하기 위해서 거기서부터 빛을 얻으려고 하는데 지나지 않는다. 현재는 결코 우리들의 목적은 아니다. 과거와 현재는 우리들의 수단이며 미래만이 목적이다."라며 미래라는 목적의 중요함을 언급하기도 했다.

미래에 대한 두려움으로 현재를 괴로워만 하는 이에게 미래는 존재하지 않는다. 미래의 목적을 맞이하기 위한 마음가짐을 다지는 노력이 바로 긍정적인 준비 과정이다. 긍정적인 준비 과정에 더해진 '만약에'가 그 과정을 탄탄하게 만들어 주며, 이렇게 목적을 기준으로 준비하는 이는 반드시 행복한 삶을 맞이하게 된다.

걱정 대신 미래를 준비하는 Tips

- 미래에 대한 걱정이 가득하다면, 일단 멈추고 일의 목적부터 다시 생각하기

나에게 질문하기

- '일의 목적'보다 '만약에~'만 생각하는 이유는 무엇인가?
- 걱정이 많다면, 그 걱정에 대한 대비책은 무엇이 있는가?
- 걱정도 중요하다. 여러 가지 걱정 중, 목적에 근거한 걱정은 무엇인가?

'걱정거리가 무엇인지' 제대로 파악하기

최근 몇 년 동안 지진과 태풍, 폭우와 같은 자연재해와 실화로 인한 대형 산불, 공사 현장의 중대 재해 등 여러 재난재해가 발생하고 있다. 물론, 지진은 현재 인류의 과학기술로는 그 발생을 예측할 수 없다. 하지만, 지진 발생 이후 피해를 줄이기 위한 안전한 행동방식은 그동안의 경험과 연구에 힘입어 널리 알려져 있다. 우리가 일상에서 겪는 위기 상황도 그 예방과 피해 저감을 위한 준비가 필요하다는 점에서 재난재해와 관련한 안전행동을 준비하는 것과 유사하다.

그런데 내가 사는 지역에 지진이 발생했다고 가정한다면, 어떤 행동이 피해를 줄일 수 있는지 자세히 알고 있는 사람은 얼마나 될까? 친구와 함께 길을 걷다가 갑자기 친구가 호흡 곤란으로 쓰러져 숨을 쉬지 못한다면, 인공호흡을 할 수 있는 사람은 얼마나 될까? 지진이나 호흡곤란 같은 재난과 응급 상황만이 삶의 위기는 아니다. 공부하는 학생, 회사에서 일하는 직장인, 개인 사업주 등 세상 모든 사람이 삶을 살면서 내 의지나 마음과는 다르게 만나는 불안하고 극복하기 힘든 상황들이 모두 삶의 위기라 할 수 있다. 이번 장에서는 위기의 정의와 위기를 어떻게 예방하고 준비하며, 피해를 줄이는 방법을 소개하고자 한다. 지금부터 '위기'와 '위기의 시대'를 어떻게 살아가야 하는지 알아보자.

위기에 대처하는 가장 기본적인 안전한 삶의 시작은, "위기를 얼마나 깊이 있게 잘 알고 있느냐"라고 할 수 있다. 그렇다면 이제 위기(危機)의 의미부터 알아보자. 위기(危機)의 뜻은 '위험한 고비나 시기'를 말하는데, 위기(危機)라는 한자를 풀어보면, 위(危)는 가파른 절벽 위에서 굴러떨어져 다쳐서 쪼그리고 있는 사람(㔾: 병부 절)을 형상화한 액(厄: 재앙 액)과, 또한 한 사람(人)이 부들부들 떨며 절벽 위에 서 있는 모습이 포개져 있다. 이미 한 사람이 다쳤는데 또 한 명이 다칠 수 있는 그야말로 위태로운 순간을 포착한 글자로, 벼랑 아래에 있는 사람이 벼랑 위에 위태롭게 선 사람을 올려다보며, '저 사람 저러다 떨어질라!' 하며 걱정하고 있는 상황이다. 그리고 위기(危機)의 기(機)는, 나무 목(木)과 기미 기(幾)로 되어 있는데, 기(幾)는 다시 '실마리 요(幺)+실마리 요(幺)+창 과(戈)+사람 인(人)'으로 분해할 수 있다. 창 과(戈)는 베틀의 모습이 변형된 것이며, 왼쪽 아래에 베 짜는 사람(人)이 보인다. 베틀은 주로 나무로 만들기 때문에 나무 목(木)이 붙어 베틀을 뜻하는 기(機)가 된 것이다. 또는, '지킬 수(守)+실마리 요(幺)'의 구성으로 해석하는 주장도 있다. 즉, 방어 전선이 실처럼 약해 곧 무너질 것 같은 상황이어서 미약하고 위태롭다는 의미다. 기(機)에 대한 두 가지 해석 모두 궁극적 시사점은 미약한 것에 주목한다는 것이다. '기미'라는 의미도 거의 보이지 않는 작은 신호에서 어떠한 일이 일어나는지 간파하는 눈치를 가리키는데, 작은 기미에 주의를 기울여 베를 짜거나 수루를 지키면 안전하다는 맥락에서 기(機)가 모이면(會: 모을 회) 기회(機會)가 된다고 할 수 있다.

"위기는 기회다."라는 말이 아마도 이런 의미에서 나온 듯하다.

또한, "인식하지 못하는 위험에는 대비할 수 없다."라는 말이 안전한 사업장 조성을 위한 안전교육과 코칭 강의에서 자주 강조하는 문장인데, 개인과 조직 모두 리스크를 인식하는 수준과 극복하려는 노력 정도에 따라 대비의 수준이 달라진다는 의미이다. 그리고 그 수준은 우리가 겪게 되는 결과의 수준(피해 정도)을 달라지게 한다. (단, 예상하지 못하는 지진과 같은 자연재해는 예외이다.)

위기에 대해 알아보았으니, 이제는 어떻게 위기를 예방하고 대응해야 하는지 알아보자. 위기(재난) 관리 대책은 '예방→대비→대응→복구'의 4단계로 수립한다. 4단계 중 인식의 수준이 가장 중요한 단계는 '예방'단계인데, 이는 발생 가능한 위기의 종류와 강도 및 빈도를 최대한 상세하게 예측하고 가정해야만 적합한 위기관리를 제대로 할 수 있기 때문이다. 그런데 이러한 산업현장에서의 위기(재해) 관리 4단계는 개인 삶의 위기 대응에도 적용할 수 있다. 즉, 예방 단계에서 행복한 삶의 이상향(목표)과 현재의 수준을 얼마나 잘 알고 있느냐가 위기의 시대를 살아가는 삶의 방식을 결정할 수 있게 도와주기 때문이다. 재해로 인한 손실을 따져 보면, 예방의 중요함을 더 절실하게 느끼게 된다. 손실은 직접손실과 간접손실로 구분하는데, 그 비율은, '직접 손실 : 간접 손실 = 1 : 4'와 같다.

생산하지 못해 발생하는 손실보다 기회비용 등을 포함한 간접손실이 월등히 크다는 이론이다. 우리나라의 2016년 예산과 산업재해로 인한 손실 비용을 예로 들면, 약 390.9조가 예산이었는데, 산업재해로 인한 직접 손실비용은 국가 예산의 5.5%인 약 21.4조였고, 간접손실 비용은 약 86조로 추정된다.

국가적인 손실이 개인의 손실임은 굳이 말하지 않아도 짐작할 수 있다. 개인 차원에서 격변하는 시대 흐름에 대비하지 않은 결과로 치러야 하는 손실은 '1 : 4'의 이론적인 손실보다 훨씬 심각하게 발생할 수도 있다. 왜냐하면, 개인의 성장 정도는 누구도 예측할 수 없기 때문이다.

산업현장에서 재해를 예방하기 위해 하는 일련의 활동들을 '안전관리'라 한다. '4차 산업혁명 시대와 같은 격변의 시대를 어떻게 살아갈 것인가'와 '산업현장에서 재해를 예방하는 안전관리 활동'은 인간이 궁극적으로 추구하는 '행복한 삶'이라는 삶의 목적을 위한 필수적인 삶의 방식을 다룬다는 측면에서 같은 명제라 생각한다.

위기에 대한 안내와 대응책을 누군가 대신 알려주며 도와줄 수도 있지만, 스스로 위험 요소들을 점검하고 예방하는 노력을 하지 않는다면 격변의 시대를 더욱 힘겹게 살아가게 될 것이다.

국가와 기업들은 정기 또는 불시 점검이라는 예방활동을 통해 재난과 재해에 대비하고 있다. 개인도 스스로 위험을 살펴보고, 현재와 미래의 행복한 삶을 위해 과거와 현재를 점검하는 활동이 필요하다. 이러한 활동을 '셀프 코칭(Self Coaching)'이라 하는데, 셀프 코칭은 과거와 현재를 돌아보고 미래를 준비하는 삶의 목적을 찾도록 안내해 준다.

위기를 현명하게 잘 관리할 수 있는 Tips

- 내가 겪을 수 있거나, 현재 겪어 내고 있는 위기가 무엇인지 제대로 파악하기
- 위기를 예방하고 대처하기 위해 내가 할 수 있는 일의 리스트 작성하기
- 과거와 현재를 점검해 나의 강점과 약점을 파악하고 보완하기

나에게 질문하기

- 나의 삶에서 내가 인식하고 있는 위험은 무엇인가?
- 위험한 상황에 대비하는 나의 예방 활동은 무엇인가?
- 만약, 예방 활동을 하지 않고 있다면 무엇이 그렇게 만들고 있는가?
- 내가 위기와 위험한 상황에 대비하지 않는다면, 결국 어떻게 될 것 같은가?

걱정과 두려움 가라앉히기

막연하고 불안한 미래의 일에 너무 깊이 빠지게 되면, 급기야 두려움에 사로 잡히게 된다. '생각하지 못했던 일, 설마 이런 일이 일어나겠어?' 했던 일들이 일어났던 경험이 있었다면, 더욱 두려움에 빠질 확률이 높다. 아마도 이런 두려움은 많은 직장인이 경험하고 있을 것이다.

한동안 내 의지와 상관없이 좋지 않은 일들이 발생해서, 내적·외적 에너지가 약해지고 있을 때 '걱정과 두려움'에 대한 질문을 스스로 해 보았다. 나의 걱정과 두려움은 이런저런 일들로 인해 생각이 많아지고, 과거의 경험에 비추어 좋지 않은 결론으로 마무리가 될지도 모른다는 걱정이 발단임을 알게 되었다. 즉, 걱정은 꼬리에 꼬리를 물며 반복되고 재생산되면서 선하지 못한 에너지의 순환으로 변하고 있음을 다음의 질문들이 알 수 있도록 도와주었다.

"나는 왜 두려움에 빠지는가?",
"나는 무엇 때문에 두려움에 빠지는가?",
"나의 두려움의 끝은 어디인가?",
"내가 두려움을 통해 얻는 것은 무엇인가?",
"내게 두려움은 어떤 의미인가?",
"내가 두려워하면 어떤 상황이 일어나는가?"

위의 질문들은 에너지의 변화를 느낄 수 있도록 도와주었지만, 두려움의 근원을 찾기에는 부족했다.

이렇게 두려움의 근원을 찾지 못해 힘이 없던 어느 날, 지인인 임상심리학 박사가 던진 질문이 두려움을 멈추게 했고, 현실을 직시할 수 있도록 안내했다.

"팀장님의 걱정과 두려움은 어디에서 오나요?"
"나의 걱정과 두려움?"
"나로부터!!!"

가슴 깊은 곳에서부터 큰 울림의 소리가 들리는 듯했다.

"나는 '내 안의 걱정과 두려움'을 걱정하며 두려워하고 있었구나."

흐릿하고 어지럽던 머릿속이 온몸에 돋은 소름과 함께 맑아지기 시작했다. 걱정과 두려움을 피하지 않고 만나면 그 두려움은 더는 걱정이나 두려움의 어떤 것이 아닌, 내 삶의 일부가 됨을 깨달은 순간이었다. 이러한 깨달음은 내 삶을 걱정하며 두려워할 이유는 어디에도 없었고 무거웠던 내가 가벼워질 수 있음도 깨닫게 해 주었다.

걱정과 두려움은 내 삶의 일부고 그저 오랜 생각과 경험이 만들어 낸 것임을 인정하는 것이 나를 만나는 길임을 깨닫게 되었다. 그리고 나를 오롯이 인정하고 만날 때, 삶의 주인이 될 수 있고, 두려움을 두려워하는 감정에 이끌린다면, 내 삶의 주인이 될 수 없다는 것도 알게 되었다.

걱정과 두려움 가라 앉히기 Tips

- 걱정과 두려움도 나의 일부임을 인정하기
- 스스로 걱정과 두려움에서 해쳐 나오기 힘들다면 외부에 도움 요청하기

나에게 질문하기

- 걱정과 두려움에 빠졌던 적은 언제인가?
- 무엇이 걱정과 두려움에서 벗어날 수 있게 도왔는가?
- 만약, 내가 사랑하는 사람이 걱정과 두려움 속에 있다면, 어떤 도움을 줄 것인가?

걱정과 불안에서 벗어나기

'평가강박증'은 몇 년 전, 리더십과 관련된 글을 쓰면서 만들어 낸 단어다. 회사에서 아주 사소한 일까지도 간섭하고 잔소리를 일삼는 분들을 보며 떠올린 단어였다. 평가강박증은 주변인들의 사소한 일까지도 평가하며 자신이 우월한 지위에 있음을 확인하고자 하는 행동으로 부정적인 지적질이 대부분이다. 이는 성장을 위한 제안이나 조언보다 상대방을 자괴감에 빠지게 하여, 일을 하고자 하는 동기를 약하게 하고 성장보다는 눈치를 보게 만들어 자존감에 상처를 입히기도 한다. 이렇게 자존감에 상처가 난 사람들은 자신을 평가하는 사람이 언제든지 선하지 못한 감정을 표현해도 반대의견이나 감정을 표현하지 못하게 된다. 안타까운 점은 평가강박증이 있는 리더들이 이러한 선하지 못한 행위들을 일상적으로 반복한다는 것이다.

물론, 리더의 입장에서 조직을 이끌다 보면 답답하고 불안한 경우를 자주 만나게 된다. 진행하는 일들이 계획한 대로 진행되지 않아 일정도 준수하지 못하게 되는 경우를 기본으로, 일이 잘 풀리는 경우보다 그렇지 않은 경우가 훨씬 많은 것이 현실이다. 리더들은 이런 경우를 대비해 플랜 B를 생각해야 하는 자리이기 때문에 불안과 걱정을 많이 하는 것이 당연할 수도 있다.

그런데 리더들은 왜, 긍정적인 결과보다는 부정적인 생각에 사로 잡히게 될까?

월스트리트의 투자 전문가인 '나심 니콜라스 탈레브'는 그의 저서 『블랙스완(검은 백조)』에서처럼, "0.1%의 가능성이 모든 것을 바꾼다"는 가정 아래서는 부정적인 결과에 대한 걱정으로 대비책을 준비하는 리더가 훌륭한 리더라고 할 수도 있을 것이다.

그런데 0.1%의 가능성을 뜻하는 블랙스완 현상은 부정적인 결과만을 뜻하지 않고, 전혀 예측하지 못한 대박을 터뜨릴 수 있음도 함께 담고 있다.

하지만 블랙스완 현상을 대비해 늘 고민하는 리더 중, 평가 강박증상을 보이는 리더는 부정적인 결과를 대비한 플랜 B를 수립하기 위해 구성원들의 일상 생활을 포함한 사소한 일들까지도 지적하고 평가하려는 경향이 있는데, 그 원인이 바로 '불안'이라는 감정이다. 불안(不安)은 스스로 믿는 마음이 부족할 때 편하지 않고 조마조마한 마음을 말한다. 또한, 불안은 마음의 거울 속에 비친 자신의 모습이 부정적일 때 나타나는 소극적인 마음이기도 하다.

자신과 팀원들을 믿지 못하는 마음에서 발생하는 불안은, 구성원들의 사소한 일상 행동까지도 지적하고 평가해야만 잠시나마 불안감에서 벗어날 수 있다고 생각하기 때문에 강박적으로 구성원들을 평가하게 만든다.

반면에, 일에 대한 자신감과 동기가 확고한 리더는 불안해하지 않는다. 그렇기 때문에 강박적인 평가 행위를 통해 불안을 해소하려 하지 않고, 조직원들과 함께 강한 동기를 기반으로 순간순간 평가보다는, 선한 소통으로 긍정적인 결과를 만들어 내려 노력하는 모습을 보인다. 지금까지 불안으로 인해 평가강박증을 가지고 있는 리더의 모습과 그 반대의 모습을 살펴보았다.

그렇다면, 이쯤에서 조직원들의 감정 상태에 따른 조직의 성과 창출에 대해 생각해 보자. '늘 부정적인 지적과 평가를 받을까 봐, 눈치보며 일을 하는 팀원들이 있는 조직이 좋은 성과를 낼 수 있을까?' 반대로, '조직이 존재하는 이유와 일에 대한 동기를 함께 공유하고, 실천하는 조직원들로 구성된 조직이 좋은 성과를 낼 수 있을까?' 첫 번째 조직도 0.1%의 부정적인 결과까지 걱정해 준비를 함으로써 좋은 성과를 낼 수도 있겠지만, 대부분은 두 번째 조직이 좋은 성과를 낼 수 있음에 고개를 끄덕였으리라 생각한다. 성과에 대한 부담감과 불안이 성과를 낼 수 있는 원인이 되는 경우도 있지만, 리더가 자신의 자리에 대한 불안으로 평가강박증에 얽매여 있는 모습도 자주 보게 된다. 리더가 사소한 일까지 지적하고 평가를 하던, 강한 동기부여와 조직의 존재 이유를 조직원들과 함께 공유하고 실천하던, 자신이 리더라는 것을 잊지 않는다면, 성과와 자리에 대한 불안감에서 벗어날 수 있는 디딤돌을 갖게 될 것이다.

우리가 느끼는 불안의 60%는 아무런 근거가 없다. 20%는 과거에 이미 일어난 일에 대한 불안이고, 10%는 설사 어떤 상황이 발생한다 해도 전혀 영향력이 없는 불안이다. 그리고 5%는 그냥 막연한 불안감인데, 나머지 5%만이 실제로 일어날 가능성이 있는 불안이다. 즉, 95%는 일어날 가능이 없는 불안이고, 단지 5%만이 그나마 일어날 가능성이 있는 불안인 것이다. 5%의 불안으로 95%의 인생을 힘들게 살 수는 없지 않은가? 지금 불안하다면, 불안의 원인을 생각하고 그 불안의 원인을 해소할 수 있는 방법을 생각하자. 그래야만 감정적인 상태에서 벗어나 이성적으로 행동할 수 있다.

아인슈타인이 학문적으로 성공할 수 있었던 비결을 통해, 감정적인 상태에서 이성적 상태로 전환할 수 있는 방법을 배워보자. 그의 비결을 엿볼 수 있는 일화는 제자들의 질문에서 시작되었다.

어느 날 제자들이 아인슈타인에게, "선생님의 그 많은 학문은 어디에서 나왔나요?"라고 물었더니, 그는 손 끝에 한 방울의 물을 떨어뜨리며, "나는 학문은 바다에 비하여 이 한방울의 물에 지나지 않는다."라고 하였다. "그러면 선생님은 어떻게 학문에 성공했나요?" 하고 다시 묻자, 그는 [s=x+y+z]라고 써 주면서 "s는 성공이며, x는 말을 많이 하지 말 것, y는 생활을 즐길 것, z는 한가한 시간을 가지라는 뜻이며 이것이 성공의 비결이다. 말을 많이 하면 실수가 있고, 너무 한가한 시간이 없으면 고요히 생각할 시간이 없으며, 감정적인 데서 이성적인 데로 돌아갈 시간적 여유를 갖지 못하게 된다."라고 했다.

이 일화는 스스로 현실을 돌아볼 수 있는 여유를 만들어야 하고, 그 여유를 활용해 자기 조절이 가능함을 말해 주고 있다.

불안은 미래를 준비하게 하는 힘이 있다. 말을 많이 하지 않고 자신의 현재 생활을 즐기고 한가한 시간을 가지며 자기 조절을 통해 성공을 이룬 아인슈타인의 성공비결을 실천해 보자. 불안에서 벗어나 미래를 준비할 수 있는 힘을 가질 수 있는 방법이니 말이다.

걱정과 불안에서 벗어나기 Tips

- 삶에서 발생하는 95%의 불안은 일어날 가능성이 없음에 동의하기
- 불안한 말은 많이 하지 않고 생활을 즐기며 한가한 시간을 누리며 생활하기

나에게 질문하기

- 나는 지금 불안을 느끼고 있는가?
- 내가 느끼는 불안의 원인은 무엇인가?
- 내가 느끼고 있는 불안은 어떤 미래를 준비하게 하는가?
- 불안을 해소하기 위해 내가 준비해야 할 것은 무엇인가?

'걱정거리'를 '기회'로 전환하기

최근 언론 매체나 회사에서 시대의 변화와 미래를 걱정하며 가장 많이 언급하는 단어가 '4차 산업혁명'이다. 도대체 4차 산업혁명 시대에는 우리의 삶이 얼마나 변하며, 그 시대를 살아 내기가 얼마나 버거울지 지금부터 알아보자.

2016년 1월 말 스위스 다보스에서 열린 세계경제포럼(다보스포럼)의 핵심 의제가 '4차 산업혁명의 이해'였는데, 세계의 석학들이 모여 '4차 산업혁명의 실체'에 대한 논쟁을 시작한 시점이었다. 물론, 4차 산업혁명이 실체가 없다고 주장하는 사람들도 있다. 하지만, 이세돌 9단이 알파고와 바둑 대결을 하고, 공장은 생산물량에 따라 생산라인이 자동으로 수정되기도 하며, VR(Virtual Reality_컴퓨터를 이용해서 만들어진 가상

현실을 체험하게 해주는 최첨단 기술을 활용한 가상 체험), 3D 프린터로 정교한 부품을 만드는 등, 우리 주변에서 일어나고 있는 변화는 충분히 혁명이라는 이름으로 대변할 만하다.

다음은 1차부터 4차까지의 산업혁명 시대를 간단하게 정리한 내용이다. 1차 산업혁명은 기계혁명으로, 1760년대 영국에서 발명한 증기기관과 방직기가 그 대표적인 기계라고 할 수 있다. 2차 산업혁명은 전기혁명으로, 1870년대 전기의 등장은 석유화학, 조선업 등 중공업이 발전한 시대였다. 3차 산업혁명은 현재 우리가 경험하고 있는 컴퓨터의 등장과 인터넷의 확산이 불러온 정보화 혁명시대다. 그리고 우리에게 미래에 대한 걱정을 선물한 4차 산업혁명의 정체는 무엇일까? 이 질문에는 인문학자인 최진기 씨의 저서, 『한 권으로 정리하는 4차 산업혁명』에 정의한 다음의 내용이 답이 될 듯하다.

> "4차 산업혁명은 인공지능과 빅데이터를 기반으로 무인 자동차와 VR을 사용하는 정보화 혁명이다. 이와 더불어 4차 산업혁명으로 인해 산업 기술이 발달되어 인간이 자유로움과 평화를 얻을 수 있는 놀라운 신세계가 열린다."

우리가 회사에서 맡은 소임에 묵묵히 성실히 일하며 일과 개인의 삶의 균형인 '워라벨(Work and Life Balance)'을 논하는 사이, 4차 산업혁명이라는 대변혁의 시대가 와 버렸다. 4차 산업혁명은 '융합의 시대'라고도 한다. 지식의 융합, 기술의 융합, 문화의 융합 등 모든 분야에서 서로 달리 활동하거나 행해졌던 일들의 장단점을 공유하기도 하고 상호 보완을 하며 더 나은 미래와 삶을 위해 노력하고 있는 시대이기도 하다. 융합은 단일 분야에서 일어나는 것이 아니다. 기술과 문화, 지식과 기술,

생산과 소비 등 서로 다른 분야 또는 유사 산업계의 밸류 체인 간에도 활발하게 일어나고 있다.

기존의 사업에 다른 분야를 융합하여 변신에 성공한 기업의 예를 통해, 4차 산업혁명 시대가 초연결, 융합의 시대임을 살펴보자.

125년 동안 타이어만 만들던 프랑스 타이어 제조업체 미쉐린(1889년 설립)이 트럭업체를 위한 맞춤형 서비스를 처음 내놓은 건 2000년이었다. 매달 약간의 수수료를 받는 조건으로 타이어를 관리해주는 모델이었다. "타이어만 팔아선 성장에 한계가 있다."라며 타이어 관련 서비스로 사업 영역을 넓히려는 시도였다. 반응은 싸늘했다. 미쉐린은 포기하지 않고, '서비스로서의 타이어'란 콘셉트는 그대로 유지했다. 대신 여기에 디지털을 입혔다.

타이어와 엔진에 부착한 자그마한 센서를 통해 트럭별 연료 소비량, 타이어 압력, 속도, 위치 등의 정보를 수집한 뒤 트럭업체에 타이어 교체 기시, 운전습관 개선사항 등을 알려주는 서비스를 2013년에 시작했다. 타이어 교체 주기가 15% 늘어나고, 100km당 2.5L의 연료가 절약된다는 소식에 수십만 대가 회원으로 등록했다. 새로운 사업모델이 성공하자 미쉐린은 이런 선언을 했다.

"우리는 더 이상 타이어 제조업체가 아니다."

이렇게 '디지털 옷'을 입고 서비스사로 변신할 수 있었던 동기는, 경영진이 미래를 다르게 봤기 때문이다. 디지털이 세상을 바꿀 것이며, 이 흐름을 타지 못한 기업은 업종과 관계없이 도태된다고 생각했다.

디지털과 융합을 통해 변신에 나선 또 다른 전통기업도 있다.

영국의 항공기 엔진 제조업체 롤스로이스(1906년 설립)도 미쉐린과 비슷한 전략을 통해 성장했다. 롤스로이스는 엔진과 추진 시스템에 부착한 수백 개의 센서로 진동 압력, 온도, 속도 등의 데이터를 실시간 수집한 뒤 엔진 결함 및 교체 시기를 분석해 항공사에 유료로 제공하는 '토탈 케어' 서비스를 하고 있다. 토탈 케어 서비스를 통한 수익은 엔진 판매 수익과 맞먹을 정도로 커졌다.

또 다른 전통기업은, 182년 역사의 프랑스 에너지 관리업체 슈나이더 일렉트릭(1836년 설립)이다. 2009년 사물인터넷(IoT: Internet of Things)을 기반으로 한 에너지 관리 플랫폼 '에코 스트럭처'를 구축했다. IoT의 개념조차 모호했던 시절에 마이크로 소프트, 인텔, 시스코, IBM 등 글로벌 정보기술(IT)업체와 손잡고 신개념 디지털 시스템을 개발했다. 제품 개발에서 시장 테스트까지의 기간을 3년에서 8개월로 단축했고, 전력, 배전 관련 건설비도 절감해준다는 사실이 알려지면서 세계 100여 개국 48만 개 빌딩과 데이터센터, 공장 등이 시스템을 도입했다. 크리스털 헤이드만 슈나이더 일렉트릭 대표는, "디지털은 어디에나 있다. 우리는 에너지를 더 잘 사용하는 데 도움을 주는 핵심요소로 이것을 활용했을 뿐"이라고 말했다.

(오상헌 기자. 한국경제. 2018년 11월 2일, A10면 중)

아리스토텔레스는 『정치학』에서, "혁명 그 자체는 작은 일이 아니지만, 작은 일에서 발생한다."라는 말로 작은 일이 큰 변화의 시작이라는 점을 강조했다.

대변혁의 시대라 불리는 4차 산업혁명도 나의 작은 변화가 원동력이 되어 꾸준히 변화의 노력을 해나간다면, 충분히 대변혁의 시대를 나의 시대로 살아갈 수 있으리라 생각한다. 위의 사례에서도 회사 경영진들이 시야를 달리하고 기존의 사업에 새로운 영역을 접목하려는 시도들이 변화를 만들어 낼 수 있었다. 이렇게 위기를 기회로 전환하고 있는 기업들의 사례가 개인에게도 적용될 수 있다.

그렇다면 대변혁이라는 4차 산업혁명 시대를 기회의 시대로 전환하는 방법은 무엇일까? 미쉐린과 롤스로이스의 사례에서 답을 찾아 네 가지로 정리해 보았다.

첫 번째는 내(또는 회사) 주변의 상황과 **현실을 직시하고 인정하는 노력**부터 시작해야 한다. 내가(또는 회사) 하는 일과 관련한 트랜드와 선발주자들은 어떻게 생존을 위한 노력을 하고 있는지 외부 환경 조사가 우선되어야 한다. 그리고 조사 결과를 기준으로 나의 수준을 평가해 보면 내가(또는 회사가) 개선해야 할 부분과 좀 더 강화해야 하는 부분을 알 수 있게 된다.

두 번째는 **고객**(개인은 내부, 회사는 외부)**의 니즈를 파악**하는 것이다. 만약, 고객이 일의 과정까지도 눈으로 확인하고 싶어 하는데, 말로만 잘되고 있다고 얘기한다면, 고객은 절대 만족하지 못하게 되고 그 결과는 참담한 상황으로 돌아오게 될 것이다. 미쉐린과 롤스로이스의 사례에서도 고객들에게 고객의 상황을 데이터로 관리하고 그 과정을 눈에 보이는 서비스로 연결한 결과, 위기를 기회로 전환할 수 있었다.

세 번째는 **역량을 향상**해야 한다. 어떤 면에서는 가장 중요한 부분이기도 하다. 역량을 향상하기 위해 첫 번째 요소인 주변 상황 파악과 무엇이 부족하며 강화해야 할 부분은 무엇인지가 선행되었다면, 이제부터 '하지 않을 핑계보다 해야만 하는 목적'에 충실한 삶을 살아야 한다. '~~때문에'라는 단어보다 '~~을 위해'로 바꿔 보자. 목적을 위한 말과 글이 성과를 달성할 수 있도록 안내할 것이다.

마지막은 **과감한 실행**이다. 주변 상황과 나의 수준, 고객의 니즈까지 파악하고 역량 향상 계획까지 수립했다면, 지금 바로 시작해야 한다. 시작을 미루면 결과도 미뤄지게 된다. 결과를 제때 만나고 싶다면, 바로 지금 시작하자.

목적을 이루는 삶은 실행에서 시작되기 때문이다.

4차 산업혁명 시대에 원하는 삶을 살기 위한 Tips

- 주변 상황과 현실을 직시하고 인정하기
- 내 일과 관련된 고객의 니즈 파악하기
- 역량 향상을 위해 노력하기
- 미루지 말고 지금 바로 시작하기

나에게 질문하기

- 4차 산업혁명 시대를 잘 살아 낸다면, 내 삶은 어떤 모습이 될 것 같은가?
- 4차 산업혁명은 나의 삶에 어떤 변화를 요구하는가?
- 4차 산업혁명 시대를 살아 내기 위해 나는 무엇을 준비하고 있는가?
- 준비는 잘 하고 있는가? 그렇지 않다면, 그 이유는 무엇인가?
- 완벽한 준비를 위해 나에게 필요한 것은 무엇인가?
- 혼자 준비하기 힘들다면, 함께 준비하거나 도움을 받을 방법은 무엇인가?

행복한 삶의 조건

인간이란 자기의 운명을 지배하는 자유스러운 자를 가리킨다.

[K.H. 마르크스 / 經濟와 哲學]

지금 내 삶에 질문하기

40대 초반의 나는 '왜 이렇게 힘든 거지?'라는 푸념 속에서 힘들게 살고 있었다. 회사에서는 상사에게 쪼이고 후배들에게 치이는 일상의 반복이었고, 가정에서는 아버지의 병환이 나를 더욱 힘들게 했었다.

아버지께서는 젊은 시절을 정릉이라는 서울의 산동네에서 연탄장사를 하시며, 가족의 생계를 책임지셨다. 연탄 장사가 주업이셨지만, 연탄 배달은 비나 눈이 오는 등 날씨가 궂거나 해가 지면 할 수 없는 일이라 그러셨는지, 과일 장사, 부동산 중개인(일명 복덕방)까지 요즘 말로 쓰리잡(Three Job)을 하셨다.

세 가지 직업을 가지셨던 아버지께서는 매일 새벽 3시에 일어나서 청량리 청과물시장에서 장을 보셨다. 장을 본 후에는 아침 9시부터 2시간 정도 부족한 잠을 보충하고, 점심식사 후에 연탄배달을 시작하셨다. 연탄배달 틈틈이 방을 구하러 오는 사람들에게 방을 소개하고 밤 12시가 넘어서야 과일을 덮는 작업으로 하루를 마감하셨다.

아버지의 병환이 심각했던 것은 젊은 시절의 고생 때문이었을 것이다. 이런 아버지를 생각할 때면, 커다란 바위가 내 가슴을 누르고 있는 듯 답답하고 무겁게 느껴진다.

내가 30대일 때도 아버지께서는 1년에 서너 번을 입원하셨었는데 한 달 가까이 입원하실 정도로 건강이 좋지 않으셨을 때도 있었다. 2013년은 아버지의 마지막 병원생활이 될 정도로 상태가 좋지 않았다. 아버지 생애 마지막 해였던 2013년은 내가 43살이 되던 해였고, 내 인생에서도 가장 힘들었던 해였다. 아버지는 여러 대학병원과 암센터 등에서 수없이 많은 검사를 받으시며 식사도 제대로 하지 못한 상태에서 중환자실과 일반 병동을 옮겨 다니며 힘든 시간을 보내셨다. 나의 눈과 귀가 항상 휴대폰에 집중되어 있을 정도로 아버지의 상태는 좋지 않았고, 병원이나 형님으로부터 전화가 오면 어김없이 하던 일을 멈추고 병원으로 달려가야만 했다.

아버지의 병원 생활은 나를 군대의 5분 대기조처럼 마음을 놓을 수 없게 했고, 회사에서는 1년에 30일이 넘는 휴가 사용으로 성과를 제대로 내지 못해, 늘 상사의 눈치를 보는 직장인으로 만들었다. 아내와 아이는 퇴근해서도 늘 인상만 쓰고 피곤하다는 말만 하는 가장과 함께 사느라, 정말 힘들어했다.

이런 상황에서도 나의 마흔세 살 되던 해는 인생 변화의 시기이기도 했다. 11월 어느 날, 나는 '공부가 하고 싶다'는 생각이 들었고, 지금 시작하지 않으면 평생 다시는 공부를 하지 못할 것 같았다. 아버지는 하루가 멀다 하고 중환자실과 일반 병실이동을 반복하며, 병명이 계속 추가되는 상황이었는데 말이다. 그 즈음 성균관대학교 경영대학원(MBA) 신입생 모집이 있었고, 퇴근 후 틈틈이 입학원서를 작성했고 원서 마감일에 원서를 제출했다. 다행히 서류 전형을 통과하고 면접 시험을 보러 가는 날이었다. 새로운 회사에 면접을 보러 가듯, 짙은 색 정장과 코트를 입고 시험을 보기 위해 몸과 마음의 준비를 하고 회사에 있던 오전 시간에 병원에서 연락이 왔다.

"아버님께서 호흡이 고르지 못하셔서 중환자실로 옮기셨어요. 병원으로 오실 수 있으세요?"

간호사의 목소리는 늘 그랬듯이 담담하게 나를 병원으로 호출하고 있었다. 나는 순간 생각했다. '아~~또 병원으로 가야 하는구나. 이렇게 또, 기회가 날아가는구나~.'

사실 나는 신입사원 시절에 회사를 그만두고 모교 연구실에서 대학원을 준비했던 시기가 있었다. 그때도 대학원 입학 전 갑작스러운 아버지의 입원으로 입학을 포기하고 다시 취업했던 적이 있었기 때문에, '이번에도'라는 생각이 들었던 것이다.

하지만 이번에는 달랐다. 지금 시작하지 않으면 평생 다시는 공부를 하지 못할 것 같았다. 그래서 간호사에게 "저는 저녁에나 병원에 갈 수 있을 것 같아요. 아버지 잘 부탁드립니다. 형님이 가실 거예요."라고 말하고 전화를 끊었다. 부모님과 관련한 호출을 거절한 건, 내 기억으론 처음이었다.

그렇게 그날 오후 대학원 면접 시험을 마치고 저녁에 아버지를 만났다. 고비를 넘기신 아버지는 산소마스크를 한 채로 힘 없이 집중관리실 병상에 누워 물끄러미 나를 바라보셨다. 나는 힘없이 나를 바라보시는 아버지에게 마치 고해성사를 하듯 말을 건넸다.

"아버지, 늦게 와서 죄송해요. 저 오늘 대학원 시험보고 왔어요."

시험을 보러 가기 전, 그리고 시험 당일에도 나는 '내가 잘하는 짓인가?' 하는 생각이 가득했다. 아버지가 위중한 상황인데, 대학원 공부를 하겠다고 하는 게, 자식된 도리가 아니라는 생각에 죄책감이 들었기 때문이다. 아무 힘도 없이 산소마스크를 하고 계셨던 아버지는 내 이야기

끝에 산소마스크를 입에서 떼시며 한마디 하셨다.

"잘했다. 넌 될 거여."

아버지의 이 말씀은 아버지가 가장 힘이 없을 때, 내게 하신 가장 큰 힘이 되어 준 말씀이었다. 그랬던 아버지는 그해 12월 초에 돌아가셨다. 장례를 치르고 난 후, 아내와 함께 차를 마시고 있는데, 문자 메시지 한 통이 도착했다. 대학원 합격 소식이었다. "잘했다. 넌 될 거여."라고 하셨던 아버지의 말씀이 떠오르는 순간이었다.

돌이켜 보면, 불안하고 항상 긴박했던 당시 상황에서 나는 왜, 대학원 입학 시험을 보겠다는 생각을 했을까? 아니, 공부를 다시 시작해 보겠다고 결심하고 회사와 대학원 병행을 선택했을까? 아마도 내면 깊은 곳 어딘가 있는 또 다른 자아의 소리를 들었던 것은 아닐까?

"나는 지금 잘 살고 있는 건가? 지금 살고 있는 삶이 내가 원하는 삶인가?"

'멋'있는 삶을 살기 위한 조건① Tips

- 현재의 삶이 내가 원하는 삶인지 스스로에게 질문하기
- 외부 상황 때문에 원하는 삶을 살지 못하고 있다면, 세상과 이별할 순간에 어떤 후회를 하게 될지 생각해 보기

나에게 질문하기

- 가장 나다운 삶은 어떤 삶인가?
- 죽음에 임박한 미래의 자신(삶을 나답게 잘 살아낸 현자와 같은 나)이 힘들어하는 지금의 나에게 어떤 따뜻한 격려의 말을 할 것 같은가?

묘비에 쓰일 묘문 작성해 보기

살아있는 사람은 반드시 죽게 된다는, '생자필멸(生者必滅)'이라는 말이 있다. 인간은 누구나 죽어서 무덤에 묻히게 된다. 우리말 무덤은 '무(無)의 더미(무더미)'에서 유래했다고 한다. 말 그래도 '아무것도 없음의 더미'가 무덤이다. 누구나 죽어서 그저 아무것도 없음의 더미인 무덤에 묻힌다고 생각한다면, 인생은 얼마나 덧없는 것인가? 정말 인생은 이렇게 덧없기만 한 것일까? 이 물음에 영국의 시인 롱펠로는 〈인생찬가〉에서 인생의 의미를 다음과 같이 노래했다.

> 무덤이 그 종말이 될 수는 없다. 너는 흙이니, 흙으로 돌아가리라.
> 이 말은 영혼을 두고 하는 말이 아니네.
> 우리가 가야 할 곳, 가야 할 길은 향락도 아니고 슬픔도 아니다.
> 저마다 내일이 오늘보다 낫도록 행동하는 그것이 목표요 길이라네.
> 모든 위인들의 생애가 깨우치는바 우리도 숭고한 삶을 살 수 있고
> 떠날 땐 지나온 시간의 모래 위에 우리의 발자국을 남길 수 있다네.
> 그 발자국, 아마도 훗날 다른 사람이 장엄한 생의 바다를 저어가다가
> 외롭게 파도에 난파하는 때를 만나면 보고서 다시금 용기를 얻으리.

위인들이 남겨 놓은 자취들이 오늘날 우리들의 삶을 안내해 주듯이, 지금의 내 발자취가 미래 세대에게 의미 있는 자취가 될 것이다. 그렇다면, 지금의 나는 어떤 발자취를 만들어야 하는가? 어떤 삶의 목적을 가지고 살아야 하는가? 이러한 삶의 목적과 의미에 대한 질문을 선물해 주신 분이 있는데, 바로 '경영의 구루 피터 드러커'다. 그는 많은 사람에게

삶의 목적과 의미를 돌아볼 수 있는 질문을 선물하신 분이기도 하다.

전문코치로 활동하면서 고객들에게 했던 질문 중 가장 많이 하는 질문이 미래상을 구체화하고 좀 더 가치 있는 인생을 살기 위한 피터 드러커의 질문이다.

"당신은 어떤 사람으로 기억되고 싶은가?"

코치의 삶을 살기로 마음먹게 하고 코칭 공부를 하도록 만들어 준 동기가 바로 이 질문을 만난 순간이었고, 다음과 같은 답을 찾도록 안내했다. 아마도 내 묘비에 이렇게 쓰인다면 죽어서도 행복할 것 같다.

"고인은 대한민국 1호 세이프 코치로서, 안전하고 행복한 세상을 만드는 기초가 되었다."

그렇다면, 어떻게 살아야 내 묘비에 내가 원하는 삶을 살았다고 쓰일까? 가치 있는 삶에 대한 피터 드러커의 질문과 함께 서양 격언에서도 답을 찾을 수 있는데, 죽음을 기억하라는 '메멘토 모리'와 현재를 즐기라는 '카르페 디엠'에서 그 답을 찾을 수 있었다.

'메멘토 모리'는, 옛 로마 시대에 원정에서 승리를 거둔 개선장군이 시가행진을 할 때 행렬 뒤에서 노예에게 큰 소리로 다음과 같이 외치게 한 데서 유래했다.

"메멘토 모리! 메멘토 모리!" 가장 낮은 신분인 노예의 입을 통해 전쟁에서 승리한 개선장군에게 겸손함을 일깨워 주는 말이었다. '전쟁에서 승리했다고 너무 우쭐대지 마라. 오늘은 개선장군이지만, 너는 언젠가는 죽는다. 그러니 겸손하게 행동하라'는 의미였다. 또한, 로마에서는 귀족들 간의 인사말로도 사용되기도 했는데, 죽음을 생각하며 삶의 의미를 깨닫고 시간을 더욱 소중하게 여기라는 의미의 풍습이었다.

다음으로, '카르페 디엠'은 고대 로마의 시인 호라티우스의 라틴어 시의 한 구절에서 유래했는데, 라틴어 카르페(Carpe)는 '즐기다, 잡다, 사용하다'라는 의미이고, 디엠(diem)은 '날'을 의미한다. 그는 그의 시에서, '현재를 잡아라, 가급적 내일이란 말은 최소한만 믿어라(Carpe diem, quam minimum credula postero)'라는 구절을 통해 현재의 삶에 최선을 다할 것을 조언했다.

모든 인간은 언젠가 죽는다. 조금 뒤에 죽을 수도 있고 내일 죽을 수도 있는 것이 인간이다. 그러니 다른 사람보다 잘났다고 우쭐할 것도 없고, 힘들고 괴로운 상황이라고 해서 좌절할 필요도 없다. 그렇다면 삶을 어떻게 살아야 할까? '카르페 디엠'의 뜻처럼, '지금 이 순간' 최선을 다해 살면 된다.

'최고보다 최선이다'라는 말이 아마도 카르페 디엠을 실천하라는 주문 같은 말이 아닐까? 다시 말하자면, "지금 이 순간을 살아라."라는 뜻이다.

메멘토 모리와 카르페 디엠은 죽음을 기다리며 사는 수동적인 삶이 아닌, 현재의 삶에 최선을 다해 살아야 한다는 자기 주도적이고 능동적인 삶의 태도를 말하고 있다. 이런 태도로 삶을 살아 내는 사람의 묘비에는 그 사람의 삶을 칭송하고 후배들에게 귀감이 되는 묘문이 새겨지지 않을까?

'멋'있는 삶을 살기 위한 조건 ② Tips

- 메멘토 모리: 반드시 죽는다는 것을 기억하라.
- 카르페 디엠: 지금 이 순간을 살아라.

나에게 질문하기

⇨ 내 묘비에 묘문을 미리 작성해 본다면 어떤 문구를 쓰고 싶은가?

⇨ 나의 묘문처럼 삶을 살면서 즐기고 있는 일을 무엇인가?

나의 삶 사랑하기

철학자 니체는 "삶을 어떻게 살아야 하는가?"라는 삶의 태도에 관한 질문에, "자신의 운명을 사랑하라.(運命愛)"라고 말했다. 이 말은 "자신의 삶에서 일어나는 고난과 어려움까지도 받아들이는 적극적인 삶의 태도로 부정적인 것을 긍정적인 것으로 가치 전환하여, 자신의 삶을 긍정하고 그에 대한 책임을 요구한다."라는 의미를 담고 있다.

니체가 말한 '운명애'처럼 자신의 운명을 사랑하고 지금 최선의 삶을 살아가는 삶의 태도를 BTS와 김연자 씨의 노래와 삶을 통해서도 접할 수 있다.

세계적으로 인기를 얻고 있는 BTS는 "영혼의 지도: 페르조나"에서, "남들이 와서 진주 목걸일 거네… 소원했던 슈퍼히어로, 이젠 진짜 된 것 같어. 근데 갈수록 뭔 말들이 많어. 누군 달리라고, 누군 멈춰서라 해. 얘는 숲을 보라고, 걔는 들꽃을 보라 해…"라는 가사로 남들이 정한 기준과 그들의 시선에 맞추어 사는 삶인 페르조나에서 벗어난 자기 주체적인 삶을 살아갈 것을 노래했다. 페르조나는 '가면'을 뜻하는 희랍어로, 개인이 사회적 요구들에 대한 반응으로써 갖는 공적인 얼굴이라는 의미의 단어이기도 하다. 남들에게 좋은 인상을 주거나 자신을 은폐하기 위해 타인이 정의한 자신의 역할을 그대로 받아들이는 현상을 말하는데, BTS의 가사는 자신의 삶을 살아가는 삶이야말로 '자신의 운명을 사랑하라'는 니체의 말을 페르조나라는 노래를 빌려 대변하는 것 같아 전 세계의 많은 사람에게 큰 울림을 주고 있는 듯하다.

가수 김연자 씨도 자신의 운명을 사랑하는 삶의 태도를 노래했는데, 그녀의 수많은 히트곡 중 하나인, "아모르 파티"가 그 노래다. 아모르 파티 중, "산다는 게 다 그런 거지 누구나 빈손으로 와. 오늘보다 더 나은 내일이면 돼. 인생은 지금이야."라는 가사에서 김연자 씨의 삶의 태도를 엿볼 수 있다. 쉽지만 깊이와 함께 거침이 없는 가사와 빠른 리듬에, 무엇보다 무대에서 열창을 하는 김연자 씨의 모습에서 엄청난 에너지와 삶의 열정을 느낄 수 있어, 노래만 듣지 않고 항상 동영상으로 감상하곤 한다.

그런데 김연자 씨의 어떤 마음가짐이 최선의 삶을 살고 있음을 느끼게 해 줄까? 김연자 씨의 노래에서 에너지와 삶의 열정을 느낄 수 있는 것은 열정적인 무대 매너뿐 아니라, 모 케이블 TV 프로그램에서 소원을 묻는 질문에 대한 답에서도 느낄 수 있었다. "김연자 씨의 소원은 무엇인가요?" 진행자는 담담한 말투로 김연자 씨에게 물었는데, 답을 하는 동안 김연자 씨의 눈은 그야말로 강력한 빛을 발하고 있었고, 그 눈빛에서 김연자 씨의 삶의 태도와 열정을 강하게 느낄 수 있었다. 김연자 씨의 답은 짧았지만, 은근하고 깊은 울림이 있는 내용이었다.

"제 노래를 듣고 단 한 분만이라도 정말 좋아해 주신다면, 그 무대에서 죽어도 좋아요." 인터뷰 영상을 보면서, 김연자 씨가 얼마나 자신의 운명과 삶을 사랑하고 있는지도 느낄 수 있었다. 김연자 씨의 노래 '아모르 파티'에서 느껴지는 삶의 열정은, 아마도 고난과 어려움들을 적극적으로 극복하고 긍정적으로 받아들이며, 자신의 삶에 책임을 다하는 그녀의 삶의 태도가 녹아 있기 때문일 것이다.

나의 운명을 사랑하며(아모르 파티), 반드시 죽는다는 사실(메멘토 모리)을 기억하고 지금 하고 있는 일에 최선을 다하며 사는 사람(카르페 디엠)의 삶은 진정 행복한 삶이 아닐까?

'멋'있는 삶을 살기 위한 조건 ③ Tips

- 내가 겪었던 고난과 어려움들을 극복할 수 있었던 긍정적인 힘을 생각하기
- 내가 내 삶의 책임자임을 되새기고 다짐하기

나에게 질문하기

- 내가 생각하는 '나의 운명을 사랑하는 모습'은 어떤 모습인가?
- 내가 열정과 에너지를 발산하는 일은 무엇인가?
- 지금까지 살면서 열정과 에너지를 발산했던 일이 없었다면, 지금부터 마음을 다잡고 시작하고 싶은 일은 무엇인가?

'지금, 여기, 함께' 행복하게 살기

철학자 아리스토텔레스는 "행복은 삶의 의미이며 목적이고 인간 존재의 목표이며 이유다."라고 말했다. 또한, "행복은 자주(自主) 자족(自足) 속에 있다."라고 하여, 삶의 의미이며 목적인 행복은 스스로 주인이 되고 스스로 만족하는 삶의 태도에 있음을 얘기했다.

행복이 스스로에게 달려 있다고 정의한 미국의 정신의학자 K.A. 메닝거는, "영어의 행복이라는 단어 'Happiness'는 원래 옳은 일이 자신 속에 일어난다는 뜻을 가진 'happen'에서 나온 말이다. 행복이란 글자가

가진 뜻과 같이 그것은 그 삶의 올바른 성과인 것이며, 우연히 외부에서 찾아온 운명의 힘은 아닌 것이다."라고 했다. J. 주베르는 그의 저서 『팡세』에서, "행복이란 자기의 영혼을 훌륭하다고 느끼는 데 있다. 이 외에는 소위 행복이란 것은 없다. 그러므로 행복은 비탄이나 회한 가운데에도 존재할 수 있다. 쾌락은 육체의 어떤 한 점의 행복에 지나지 않는다. 참다운 행복, 유일한 행복, 온전한 행복은 마음 전체의 영혼 가운데 존재한다."라며, 자신의 마음에서 행복이 비롯된다고 했다.

정리하자면, "인간은 삶의 의미이며 목적인 행복한 삶을 원하며, 그 행복은 나 자신에서 비롯된다."라고 할 수 있다. 또한, 행복은 자신이 안전한 상태일 때 가장 크게 느낄 수 있다고 생각한다. 그렇다면 안전한 상태에서 행복한 삶은 어떤 삶을 의미하는지 살펴보자.

안전(安全)은 편안(安)하고 온전(全)한 상태를 말한다. 안전하지 못한 상태는, 편안하지 않고 온전하지 않은 상태를 뜻하는데, 불안전한 상태와 불안전한 행동이 안전하지 못한 삶의 원인이라고 할 수 있다. 안전한 삶의 시작은 내가 있는 곳의 불안전한 상태와 개인 차원의 불안전한 행동을 인식하는 것부터다. 이런 인식은 안전한 삶의 기반이 되는 행복한 삶의 시작이기도 하다.

지금부터 '하인리히의 5단계 도미노 이론'을 빌려, 개인의 삶의 목적 달성을 위한 '안전한 삶, 행복한 삶의 인식'의 중요성을 이야기하려 한다.

우선, 도미노 이론에 있는 '사고와 재해'의 차이부터 알아보자. 안전공학을 전공한 사람들은 사고와 재해의 차이를 알고 있겠지만, 그렇지 않은 사람들은 그 차이가 헷갈릴 수도 있다. 사고는 '일상적이지 않은 상태 그 자체'를 의미하고, 재해는 사람이나 물건 또는 재산의 피해가 발생해 버린 사고의 결과를 뜻한다. 다시 말하자면, 우리의 삶에서 사회환

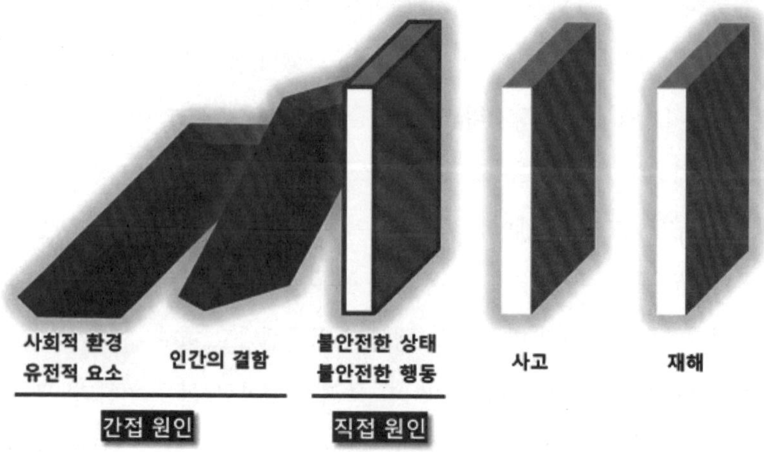

[하인리히 5단계 도미노 이론]

경과 개인의 내력, 그리고 개인적인 정신적, 신체적 결함이 각자의 삶에 '불안전한 상태와 불안전한 행동'의 원인이 되어 사고라는 일상적이지 않은 상태가 발생하고, 재해라는 결과로 귀결된다는 것이 '하인리히 5단계 도미노 이론'이다.

흔히들, '무재해'라는 단어로 안전관리를 얘기하지만, 무재해는 결과를 없애자는 주장으로 근본적인 원인제거를 위한 활동은 아니다. 삶의 목적을 달성하기 위한 '안전한 삶, 행복한 삶'을 위해서는 재해의 원인을 근본적으로 차단하는 '무사고'를 위한 예방 활동의 중요성을 인식하고 가장 무게 있게 다루어야 한다. 즉, 예방 활동은 이러한 무사고를 달성하는 과정이고, 안전하고 행복한 삶의 과정이 진정한 '행복한 삶으로 가는 길'이라고 할 수 있다.

'오늘 괴롭고 힘들게 살면서 나중에 행복한 삶'이 정말 행복한 삶이라고 할 수 있는가? 만약, 그렇게 고대하던 미래의 시점에 행복한 삶을 살 수 없게 된다면, 얼마나 허무하겠는가?

미래의 어느 시점에 행복해지겠다는 다짐보다 지금을 행복하게 사는 것이 내 삶의 의미와 목적을 더 값지게 한다는 생각을 하게 된 계기가 있었다.

물론, 하루하루 힘겹게 삶을 살아내야만 내일을 기약할 수 있는 삶의 과정을 깎아내리거나 무시하는 것은 아니다. 조금이라도 더 삶의 행복을 느끼고 그러한 삶의 과정을 추구하고자 하는 행복에 대한 생각을 공유하고 싶을 뿐이다.

아들이 10살쯤이던 어느 날, 입안 가득 빵을 물고 내게 장난감 총을 겨누며, 마치 아빠에게 경고라도 하듯이 큰소리로 외쳤는데, 그 말에서 행복의 조건이 무엇인지 생각하게 되었다.

"행복해라, 안 그러면 쏜다!!!"

지금 나하고 여기서 함께 놀자는 아들의 말이 곧 행복한 삶의 조건이었다. 행복한 삶의 조건을 깨닫게 해주는 고마운 말이었기 때문에 아들의 외침이 실수인지 고의인지 묻지 않았다.

소크라테스는 행복한 삶은 현재, 그리고 나 자신에 있음을 다음과 같은 문장을 통해 언급했다.

> "행복을 자기 자신 이외의 것에서 발견하려고 하는 사람은 그릇된 사람이다. 현재의 생활 또는 미래의 생활 그 어느 것에 있어서나, 자기 자신 이외의 것에서 행복을 얻으려는 사람은 그릇된 사람이다. 불행을 겁낼 때 당신은 이미 불행하다. 불행을 가져야 할 자는 영구히 불행을 겁내고 있는 사람뿐이다. 나는 생각한다. '잘 되겠다고 노력하는 그 이상으로 잘 사는 방법은 없으며, 그리고 실제로 잘 되어 간다고 느끼는 그 이상으로 큰 만족은 없다.'라고, 이것은 내가 오늘까지 살아오며 경험하고 있는 행복

이며, 그리고 그것이 행복인 것은 내 양심이 증명해 주고 있는 것이다."

철학박사 박재희 씨는 행복을 다음과 같이 정의했는데, 자신의 삶에 만족하는 삶이 행복한 삶임을 알려 주고 있다.

"행복은 남의 시선과 기대에 연연하지 않고 내 영혼의 소리에 귀를 기울이고 사는 삶의 자세다. 이렇게 사는 사람은 언제나 마음이 만족스럽다. 그 만족의 자세를 자겸(自謙)이라고 한다. 겸(謙)은 만족스러운 것이다. 남의 시선에 연연하지 않고 자신의 삶에 만족스러운 상태를 바로 쾌족(快足)이라 한다."

그렇다면 행복에 도움이 되는 활동들은 어떤 것이 있을까? 다음의 10가지가 행복에 도움되는 활동들이다.

〈행복을 위한 10가지 활동〉

① 삶의 목적 설정하기
② 삶의 목적 달성을 위한 목표 추구하기
③ 긍정적으로 생각하기
④ 긍정적인 말과 글 사용하기
⑤ 사소한 일에서부터 즐거움 찾기
⑥ 명상하기
⑦ 운동하기
⑧ 타인과 비교하지 않기
⑨ 나만의 스트레스 해소법 실천하기
⑩ 과거보다 현재에 집중하기

지금까지 소개한 행복한 삶의 조건은, '무엇보다 행복한 삶은 나 자신에게서 비롯된다는 점이다. 일이 벌어진 후에 마음을 다스리는 것도 중요하지만, 부정적인 일이 발생하지 않는 환경을 만드는 활동이 우선된다면 더욱 행복한 삶을 이룰 수 있으며, 무엇보다 미루지 않고 현재를 음미하고 즐기는 태도가 함께할 때 행복할 수 있다'고 정리할 수 있다.

'지금, 여기, 나를 비롯한 주변인들과 함께 행복한 순간을 나누는 것'이 바로 행복의 조건이다.

'멋'있는 삶을 살기 위한 조건 ④ Tips

- 현재 내가 행복한 그 무엇들 찾기
- 남의 시선보다 자신의 삶에 만족하기
- 나만의 행복한 삶을 위한 활동 리스트를 작성하고 실천하기

나에게 질문하기

- 내가 생각하는 행복한 삶은 어떤 모습인가?
- '지금, 여기, 함께' 행복한 일은 무엇인가?
- 행복한 삶을 위해 내가 할 수 있는 단 한 가지 일을 꼽는다면?
  (단 한 가지 일이란, 다른 일들을 가볍게 하거나 무력하게 만들 만큼 강력한 행동이나 일을 말한다)

3장

'멋'있는 삶을 사는 방법

20년 후 당신은,

했던 일보다 하지 않았던 일로 인해

더 실망할 것이다.

그러므로 돛을 올려라.

안전한 항구를 떠나

항해하라.

당신의 돛에 무역풍을

가득 담아라.

탐험하라.

꿈꿔라.

발견하라.

- 마크 트웨인 -

현실 인정과 목적에 충실하기

사람은 기회를 발견함과 동시에 또 스스로 이를 만들지 않으면 안 된다. 기회는 앞머리에만 털이 있지, 뒤통수는 대머리다. 당신이 만약 기회를 만들거든 그 앞머리를 꼭 잡도록 하시오.

[F. 라블레]

준비 과정 충실히 하기

여행 갈 준비를 하는 과정에서, 가방에 어떤 물건을 넣고 가느냐가 계획을 짜는 것만큼 중요하다. 준비 초기에는 이것도 필요하고, 저것도 필요할 것 같아 작은 소품까지도 가방에 넣으려 하지만, 출발일이 다가올수록 짐을 어떻게 줄여서 가방을 최대한 가볍게 할 것인가를 고민하게 된다. 무거운 가방을 들고 여행을 다니는 것이 얼마나 힘든지 알기 때문이다.

그래서 우리 가족은 여행 일정과 상황을 예측하며 가져가야 할 짐의 목록을 적어본 후, 중복되거나 굳이 필요하지 않은 물건은 무엇인지 상의하며 짐을 꾸린다. 이러한 여행 전 준비과정은 여행을 보다 편안하고 수월하게 만들어 준다.

그런데 이렇게 준비하고 간 여행에서 예상치 못한 상황을 맞닥뜨리게 된다면 어떻게 대처해야 할까? 말 그대로 한 치 앞도 볼 수 없는 짙은 안개를 만나 비싼 입장료와 이동 경비, 시간 등 여행을 위해 투자한 것들이 송두리째 날아갈 상황이 된다면 어떻게 대처해야 할까?

우리 가족이 몇 년 전 갔던 베트남 여행 중, '바나힐스'라는 관광지를 방문했을 때, 이런 난감한 상황을 맞이했었다. 베트남 여행을 준비하면서 바나힐스는 갑자기 안개가 끼기 시작하면 아무것도 볼 수 없어, 하산하는 길도 찾을 수 없을 정도로 짙은 안개로 뒤덮힌다는 정보는 이미 알고 있었다. 바나힐스로 출발하던 아침에 아내와 나는 "설마 안개가 끼겠어? 복불복이지 뭐." 하는 생각으로 관광 길에 올랐는데, 막상 우리가 짙은 안개로 한 치 앞도 볼 수 없는 상황을 맞게 되니 정말 난감했다. 이동을 위한 택시비, 비싼 입장료, 이동 시간 등이 다 날아가 버린 것 같은 허무함이 찾아왔다. 더욱이 어떻게 온 베트남 여행인데, 다음 기회에 다시 바나힐스를 온다는 것도 요원했기 때문에 우리 가족은 짜증이 나기 시작했다.

안개로 인한 막막한 상황은 저마다 원했던 여행의 추억 만들기를 힘들게 해버렸다. 하지만, 우리 가족은 여행을 망칠 수는 없다고 판단하고 일단 모든 것을 멈추고 긴급 가족회의에 들어갔다. 회의는 각자 만들고 싶었던 여행의 추억을 얘기하면서 시작됐다. 회의 결과, 나와 아내는 멋진 사진 촬영과 경관 구경을 포기하기로 했다. 그런데 아들이 하고 싶어 하는 전자오락은 안개와 상관없는 실내에 있었기 때문에, 우리 부부는 아들과 함께 게임을 하는 것으로 추억 만들기의 방향을 바꾸었다. 이렇게 회의를 통해 정한 방향에 따라 우리 가족 모두는 신나게, 그리고 지겨울 만큼 게임장에서 시간을 보내며 놀았다. 앞으로도 그렇게 오랜 시간 아들과 함께 즐겁게 게임을 할 기회는 만들기 힘들 것 같다.

삶을 살면서 한 치 앞도 볼 수 없을 정도의 안개와 같은 어려운 상황을 맞이했을 때도, 여행 준비를 하며 짐을 싸는 과정처럼 꼭 필요한 무엇인가를 가려내고 지금 나에게 필요한 것을 선택하기 위한 일시 멈춤이 필요하다. 이러한 멈춤은 필요한 것을 생각하고 최고의 선택을 위해, '내가 원했던 것은 무엇이며, 목적은 무엇이었는지, 지금 상황에서 무엇을 버리고 채워야 하는지' 돌아보고 현실적인 대안을 찾는 과정이기 때문이다.

목적을 달성하기 위한 일단 멈춤의 Tips

- 일을 시작하기 전, 준비 과정도 충실히 수행하기
- 위기를 맞이했다면, 일단 멈추고 목적 달성을 위한 방법 재설정하기

나에게 질문하기

- 설마 했던 안개를 마주했던 경험은 무엇인가?
- 안개를 마주하며 무엇을 비우고 채웠는가?
- 설마 했던 안개를 마주하더라도 여행(일)을 계속하게 된 동기는 무엇인가?

내가 가진 자원 챙겨 보기

위기(危機)는, '위험한 고비나 시기'라고 하는데, 지금까지 항상 위기의 시대라는 말을 들으며 살아온 것 같다. 그리고 뉴스나 신문, 회사에서 항상 위기라는 말을 들으며, '실체도 알 수 없는 위기'를 돌파하기 위해 죽어라 애를 쓰며 사는 것이 우리의 모습이기도 하다. 이런 위기의 실체를 알 수도 없는 것은, 우리가 살고 있는 세상이 시간을 두고 변화를 알아가며 대처하기 힘들 정도로 빠르게 변하고 있기 때문이다.

삶을 살아간다는 것은 견뎌 내기 힘든 상황이나 내 뜻과 다르게 일어나는 상황인 '위기'를 만나고 헤쳐 나가는 과정이라고 생각한다. 흔히, 위기상황에 처하면, "저 사람은 위기를 자초했어.", "내 의지와 상관없이 위기가 닥쳐 왔어."라고 말하곤 한다. 위기는 왜 오는 걸까? 하필이면 왜 나에게만 오고, 다른 사람보다 더 자주 오는 걸까? 이런 상황은 아마도 '첩첩산중'이라는 말로 설명이 가능할 듯하다. 이렇게 어려움에 어려움을 더하는 상황은, '1+1=2'가 되는 단순한 산술적 더하기가 아닌, '몇 제곱근' 이상으로 가중되지 않을까?

"인간이 에덴동산에서 쫓겨난 이래 위기는 인류의 평범한 일상이 되었다."라는 말로 급변하는 위기의 시대를 정의한 사람도 있다. 정리해 보면, '삶이란, 결국 위기를 극복하는 과정의 연속이며, 실패하고 좌절하는 것은 삶의 평범한 진리'인지도 모르겠다.

그렇다면 위기 상황에 어떻게 대처하고 있는지 자신에게 질문해 보자.

"자기 비하와 신세 한탄으로 자포자기의 늪으로 빠지고 마는가?",
"아니면, 멘토나 선배들을 찾아 자문하는가?",
"설마, '에이~~누군가 해결해 주겠지.' 하며 무능하고 방관적인 태도를 보이지는 않는가?",
"인간의 삶이 위기의 연속이라면, '어떻게 위기에서 벗어날 수 있을까?'"

독일의 치료교육학자 미하엘 핑게를레의 답은 다음과 같다.

"삶은 위기로부터 배우려는 자에게만 극복 방법과 성장을 허락한다. 어떤 자원을 가지고 있는가는 중요하지 않다. 어려움을 극복해야 할 때 가장 중요한 것은 자신이 가진 자원을 어떻게 활용할 것인가다."

누구나 자원을 가지고 있지만, 자원을 확인하려는 노력을 하지 않을 뿐이다. '나에게 격변의 시대가 위기일지, 기회일지'는 핑계를레 교수의 말처럼, 위기의 실체와 그 시대에서 삶을 살고 있는 '나'를 얼마나 잘 알고 있는가에 따라 결정될 것이다.

산업계에서도 위기상황에서 회사가 보유한 자원(인적·물적)을 제대로 활용하지 못해 쇄락한 회사가 있는 반면, 회사의 경험과 자원을 활용해 재기에 성공한 사례도 있다. 바로, 아날로그 필름 시대의 강자였던 '코닥'의 추락과 '후지'의 부활에 대한 이야기다.

1880년 사업을 시작한 코닥은 한때 세계 최대의 카메라 필름 생산업체였다. 1980년대 초반에는 전 세계 필름 시장의 3분의 2를 차지할 정도였다. 그러나 코닥은 디지털카메라를 세계 최초로 개발하고도 후지와 아그파 같은 후발 업체의 추격을 막아내기에 급급했기 때문에, 디지털카메라 보급에 신경을 쓰지 않았다. 전자 업체인 소니는 1981년 디지털카메라 기술을 상용화했지만, 코닥은 디지털카메라의 잠재력을 제대로 파악하지 못했고, 회사가 보유한 뛰어난 기술력을 과소평가하고 있었다. 그 결과 2001년 활황기를 정점으로 하락의 길을 걷던 코닥은 2012년 1월 파산보호 신청을 했다.

반면, 카메라 필름 시장에 후발주자인 후지필름의 CEO 고모리 시게다카는 2003년부터 시장의 변화를 감지하고 사업 구조를 재편하기 시작했다. 필름 생산사업에서 쌓은 다양한 기술자원을 기반으로 신성장 동력을 찾기 위해 노력한 결과, 2005년 평판 디스플레이, 의료 장비, 제약, 화장품 등 화학기술을 기반으로 하는 산업 분야 진입을 결정했다. 대규모

인력 구조조정과 함께 기존 화학기술 기반의 사업 영역확대를 지속해 나갔으며, 2007년 '아스타 리프트'라는 화장품으로 부활하기 시작했다. 이 제품은 필름 재료인 콜라겐 단백질을 인간의 피부에 적용한 노화 방지제였다. CEO 고모리는 "죽는 것보다 차라리 수술해 사는 것이 낫다."라는 생각으로 변신을 시도했다고 한다. 그 결과 2007년 매출 2조 8,468억 원, 영업이익 2,073억 원으로 사상 최대의 실적을 올릴 수 있었다. 후지의 CEO 고모리는 회사가 필름을 생산하며 쌓아왔던 화학기술을 기반으로 아날로그 필름의 퇴출이라는 위기의 시대에서 부활할 수 있었다.

시대의 흐름을 이해하고 회사의 경험과 자원을 제대로 파악하고 활용한 결과, 위기의 시대를 극복한 후지의 사례를 통해 자신의 경험과 자원을 제대로 알기 위한 노력이 얼마나 중요한지 알 수 있다. 지금 위기의 시대라고 느끼고 있다면, 내가 걸어왔던 길을 돌아보자. 내가 겪어 낸 삶의 과정들이 '위기'를 '기회'로 만드는 터닝포인트를 제공할 것이다.

목적을 달성하기 위한 인정과 배우기 Tips

- 위기를 예방해야 하는 상황이라면, 내가 가진 자원부터 챙겨 보기
- 위기를 극복해야 하는 상황이라면, 내가 겪어 낸 삶의 과정에서 위기를 극복했던 성공 체험을 되뇌어 보고 현재의 위기에 접목하기

나에게 질문하기

- 내가 겪었던 가장 큰 위기는 무엇이며, 그 위기에서 무엇을 배웠는가?
- 지금의 위기를 극복하는 데 필요한 자원은 무엇인가?
- 내가 지금 가지고 있는 자원과 부족한 자원은 무엇이며, 부족한 자원은 어떻게 보충할 것인가?

내가 할 수 있는 일부터 찾아 기회로 만들기

2018년 1월에 개봉했던, 애니메이션 〈코코〉는 뮤지션을 꿈꾸는 소년 미구엘의 이야기를 다룬 영화다. 죽은 자들의 세계에 들어가 모험을 하며, 꿈을 이루는 길과 가족의 소중함을 배워가는 여정을 아름다운 영상과 음악으로 엮어낸 걸작 애니메이션 영화다. 영화의 대사 중 가슴을 울리는 대사가 있었는데, 그 대사는 대학 시절 사물놀이를 하며 음악인이 되겠다는 꿈을 꾸었지만, 결국 23년 차 직장인으로 살고 있는 내 뒤통수를 '징 채'로 때리는 듯한 충격적인 대사였다.

그 충격적인 대사는 가수를 꿈꾸는 미구엘이 받았던 질문이었다.

"너는 가수가 되기 위한 기회를 잡기 위해 무엇을 해 보았니?"

이 대사는 공대생이 사물놀이로 음악인이 되어 보겠다고, 무작정 노력만 했던 나를 향해 던지는 질문처럼 느껴졌다. 음악인이 되기 위한 기회를 잡기 위해 무엇을 했던가? 물론, 나름대로 바삐 생활하며 공연과 강습, 연습, 때로는 관공서에 영업도 했었다. 하지만, 좀 더 깊은 질문을 던져 본다면, 얘기는 달라진다.

"기회를 잡기 위해 어떤 것이든 해 보았는가?"

그 당시 기회를 나름의 기준으로 설정하고 그 기준 안에서 무엇이든 시도하고 있다고 생각했었다. 하지만 돌이켜 보면, '대학생이니까, 선생님이 있으니까, 돈이 없으니까 등등.' 기회를 잡기 위한 이유보다는 시도하지 않을 핑계만 생각하고 있었다. 하지 못할 이유를 생각하기보다, 목적을 달성하기 위해 무엇을 해야 할지를 생각하고 실행했어야 했다.

피터 드러커는 그의 저서 『창조하는 경영자』에서, "기업의 성과는 문제를 해결함으로써가 아니라 기회를 개발함으로써 얻어진다."라고 했다. 또한, "성과를 얻기 위해서는 자원을 문제보다는 기회에 대하여 분배해야 한다."고 언급하며, 기회는 스스로의 노력을 통해 만들어야 한다는 노력의 중요함을 강조하기도 했다.

마키아벨리도 『군주론』에서 인간사는 하늘이 내린 운명과 인간의 노력이 반반을 차지하고 있다고 언급했다. 또한, 『군주론』 25장에서는, "운명의 여신을 파괴적인 강에 비유해 보자. 누구나 격류를 보고 도망치고 저항할 길이 없어 굴복하고 만다. 그러나 강이 이런 성질을 지니고 있다 해도 평온할 때 미리 제방이나 둑을 쌓아 방비를 단단히 해둘 수는 있다. 운명에 대해서도 똑같은 말을 할 수 있다. 운명은 아직 저항하는 이 없는 곳에서 힘을 한껏 발휘하며, 또 제방이나 둑이 저지할 힘이 없다고 보이는 곳에서 맹위를 떨친다."라고 언급하며 위기를 맞이하기 전 대비하는 노력의 중요성을 강조했다. 이는 위기에 대비하는 노력과 더불어 운명은 스스로 개척할 수 있다는 교훈을 주기도 한다.

운명을 스스로 개척하기 위한 노력이 산신령을 움직여 원하는 바를 이루었다는 중국의 '우공이산(愚公移山) 설화'는 "기회를 잡기 위해 어떤 것이든 해 보았는가?"라는 질문에 답을 주는 설화이기도 한데, 내용은 다음과 같다.

"우공은 어리석은 사람을 뜻하는데, '우공이산'은 어리석은 사람이 산을 옮긴다는 뜻이다. 합숙과 산소 사이에는 태항산과 왕옥산이라는 거대한 산이 있었는데, 그 두 산 사이에 있는 분단이라는 곳에 살던 우공은 아흔 살의 노인이었다. 이 두 산 때문에 이동이 불편했고 불편함을 해결하기 위해 식구들과 함께 산을 옮기기로 했다. 우공과 가족들이 흙과 돌을 옮기는 모습을 보고 이웃들도 동참했다. 우공의 친구인 지수는 우공의 나이와 건강을 걱정하여 말렸지만, "내게는 아들이 있네. 아들에게는 또 아들이 있고, 그 아들에게는 또 아들이 있을 것이네. 그렇게 세대가 이어짐에 따라 자손은 늘어나겠지만 산의 높이가 높아질 리는 없네. 그러니 내가 하는 일은 어리석은 일이 아닐세"라고 대답했다. 지수는 우공의 말에 산을 옮기는 것을 반대할 수가 없었다. 하지만, 태항산과 왕옥산의 산신령은 두려워졌고, 조물주에게 산을 옮겨줄 것을 청하기에 이르렀다. 조물주는 두 산신령의 청을 들어주어, 다음 날 산을 다른 곳으로 옮겨 주었다.

목표를 세우고 꾸준히 노력하면 어떤 일이든 이룰 수 있다는 교훈을 준 우공이산의 설화는 삶의 목적을 달성하기 위한 어떠한 노력이라도 가치가 있음을 말해 주는 듯하다.

기회를 만드는 것은 궁극적인 목적을 달성하기 하기 위한 기본 과정이다. 하지 못하는 이유와 핑계를 대는 사람에게는 기회가 주어지지 않을 뿐더러, 그런 사람들은 기회를 만들어 낼 수도 없다.

목적을 달성하기 위한 기회 만들기 Tips

- 목적한 바를 달성하지 못했다고 자책하거나 핑계를 대기 보다, 실패를 통해 부족한 점과 잘한 점은 무엇인지 정리해 보기
- 누군가 주는 기회를 기다리기보다 내가 할 수 있는 일을 찾아 기회로 만들기

나에게 질문하기

- 내가 잡고자 하는 기회는 무엇을 위함인가?
- 내가 잡고자 하는 기회는 최선인가?

> ⇨ 내가 직접 만들 수 있는 기회는 무엇인가?
> ⇨ 기회를 잡기 위해 어떤 노력을 하고 있는가?

과거의 경험 돌아보기

'역경(逆境)'을 교훈 삼아 노력한다면, 곧 '경력(經歷)'이 된다. 누군가는 이렇게도 얘기했다. "역경을 뒤집으면 경력이 된다."고.

과거의 상처가 오늘과 내일을 살아내는 약이 되고, 혹독한 비바람과 같았던 사건 사고가 안전하고 행복한 삶을 만드는 밑거름이 되지 않을까? 옛말에, "쇠는 때릴수록 강해진다."라는 말이 있다. 누군가는 "나무에 가위질을 하는 것은 나무를 사랑하기 때문이다. 부모에게 야단을 맞지 않고 자란 아이는 똑똑한 사람이 될 수 없다. 겨울의 추위가 심할수록 오는 봄의 나뭇잎은 한층 푸르다. 사람도 역경에 단련되지 않고서는 큰 인물이 될 수 없다."라는 말로 역경이 더 나은 사람을 만드는 기초가 된다고 했다. 비바람과 뙤약볕도 시간이 지나면 잦아들어, 밝은 해가 나오는 것이 자연의 이치이듯이 아프지 않고 경력을 쌓는 방법은 없다.

1997년 대학교 4학년 2학기 10월에 처음 회사 생활을 시작했는데, 첫 직장은 대구의 지하철 건설공사 현장이었고, 업무는 전담 안전관리자였다. 현장의 안전환경보건을 관리하는 것이 주된 업무였는데, 사회생활의 시작은 그리 순탄하지 않았다. 1997년 10월 27일 시작한 사회생활은 그 해 11월 국가 부도로 인해 IMF의 금융지원을 받는 IMF 사태가 찾아왔고, 취직한 지 한 달 뒤에 신입사원 정리해고라는 난관에 부딪히고 말았다.

정리해고 통보를 받고 서울 부모님 집으로 올라와 있었는데, 한 달도 되지 않아 다시 첫 회사에서 출근하라는 연락을 받고 복직을 하게 되었다. 하지만, 처음 입사 당시와 다른 처우는 사회 초년생으로서는 감당하기 힘들 정도였다. 당시 재입사 조건은 '연봉계약직'이었는데, 사실 말이 좋아 연봉계약직이지 낮은 연봉과 터무니없는 휴가일수(2일/1개월), 학원비와 병원비 지원 등의 복리후생까지도 정직원과 현저히 차이 나는 수준이었다. 또한, 회사는 비용을 줄여야 한다는 이유로 건설현장의 일용직 인부 사용까지도 최소한으로 통제했다. 비용 절감이라는 이유와 함께 당시 건설현장의 안전관리는 중요한 업무라는 인식이 낮았던 시기였기 때문에, 안전관리 업무를 위한 인력 지원은 거의 없었다. 추락 위험이 있는 장소에는 안전시설물을 설치하여 작업하시는 분들의 추락사고를 예방하는 것도 업무의 일부였다. 한번은 지면에서부터 20m 이상의 높이에 설치되어 있는 H-빔 상부에 추락방지 시설인 안전로프를 설치해야 했는데, H-빔의 폭은 25cm에 불과했고, 20m도 넘는 높이는 안전로프 설치 작업을 하다가 추락하게 된다면 상상하기도 싫을 정도로 무서운 높이였다. 지금 겪고 있는 고소공포증이 아마도 이 일을 계기로 생겼는지도 모르겠다. 또한, 지하철 현장의 특성상 기존 도로를 파헤쳐 지하 공사를 해야 했기 때문에 현장을 지나는 차량들의 안전을 확보하기 위해 도로의 차선을 수시로 지우고 도색을 해야 하는 일이 거의 매일 반복적으로 이루어진다. 현장의 도로는 왕복 16차선 도로였는데, 거의 매일 차선을 지우고 다시 도색을 하는 작업도 안전관리자인 내 몫이었다. 혼자 손수레에 산소와 LPG통, 페인트와 라바콘 등을 싣고 다니며 차량 통제부터 기존 차선을 가스 불로 지우고 롤러를 이용해 차선을 그려야 하는 작업은 그야말로 안전로프를 설치하는 작업 못지않게 위험천만한 일이었다.

이렇게 IMF는 상상하기 힘들 정도로 위험하고 힘에 부치는 열악한 상황에서 혼자서 일을 하게 만들었고, 일을 지시하는 사람이나 받아서 수행하는 사람들 모두가 그런 상황을 당연하다고 생각하게 만들었다. 현장의 안전관리, 공사관리 업무까지 상사들이 지시하는 대로 모든 일을 다 해냈다. 이렇게 IMF 시절은 나보다 높은 사람이 어떤 일을 시키든 대꾸하지 않고 무조건 해내야만 하는 시기였기 때문이다.

이제 와 돌이켜보면, 위험한 작업을 혼자 하게 하거나 내 업무가 아닌 일을 지시하지도 수행하지도 말았어야 했다.

그런데 이런 힘든 경험들은 대리, 과장이 되고 조직의 리더가 되었을 때 그 누구보다 현장을 잘 알기 때문에 현장 경험이 부족한 다른 리더들보다 일을 더 잘할 수 있는 배경이 돼 주었다. 늘 흙먼지와 햇볕에 그을려 시커멓게 타버린 얼굴이 그 당시에는 역경이라고 생각했었지만, 회사를 옮기고 리더의 자리에 오를 수 있게 증명해 주는 경력이 되어 준 것이다.

도종환 시인의 시 「흔들리며 피는 꽃」도 비바람과 함께하는 인생 여정을 노래하고 있다. 힘든 상황에서도 묵묵히 그리고 꿋꿋하게 자리를 지키고 꽃을 피우고 있는 우리에게 응원의 마음으로 시의 한 구절을 소개해 본다.

이 세상 그 어떤 빛나는 꽃들도
다 젖으며 젖으며 피었나니
바람과 비에 젖으며 꽃잎 따뜻하게 피웠나니
젖지 않고 가는 삶이 어디 있으랴

목적을 달성하기 위한 경력 만들기 Tips

- 지금 하고 있는 일이 힘들다면, 그 과정도 경력이 될 수 있음을 마음에 새기기
- 목적 달성이 힘든 상황이라면, 과거의 역경을 극복할 수 있었던 동기와 실행했던 일들을 되짚어 보고 현재의 상황에 대입하여 실천하기

나에게 질문하기

- 나의 역경은 어떤 경력을 만들어 주었는가?
- 내가 겪어냈던, '혹독한 비바람'을 통해 얻은 교훈으로 만들어 낸 '약'은 무엇인가?

♣ 기회를 만드는 사람의 7가지 특성

"이봐 해보긴 했어?" 故정주영 회장께서 위기 상황에서 자주 하셨던 말씀이다. 회사에서 일이 잘 되지 풀리지 않는 난관에 부딪혔을 때, 동료들에게 자주 하는 말이기도 하다.

정주영 회장은 1915년생으로 일제 강점기와 6·25전쟁이라는 힘겨운 시대를 살면서 현대그룹을 세계적인 기업으로 성장시킨 분이다. 물론, 지금의 현대그룹은 정주영 회장 생전의 전성기 시절과는 다소 다른 모습이긴 하다. 하지만, 정주영 회장의 일생은 4차 산업혁명이라는 대변혁의 시대를 살아가야 하는 지금의 우리에게 '걱정만 하지 말고 기회를 만드는 바른 길'을 안내해 주고 있다. 정주영 회장의 일화 중, 생존을 위해 주변의 변화에 대응하며 걱정만 하지 않고 기회를 만들어 내는 삶의 태도를 알려주는 '벼룩의 노력'이라는 일화가 있어 소개한다.

정주영 회장이 가난에서 벗어나기 위해 네 번째 가출을 했을 때의 일이다. 당시 인천 부두에서 막노동할 때, 노동자 합숙소는 빈대 지옥이었다. 온종일 힘든 노동일에 지쳐 잠이 들어도 빈대 때문에 잠을 이룰 수가 없을 정도였다. 하루는 숙소에서 생활하는 사람들과 함께 꾀를 내어, 밥상 위에 올라가 자기 시작했는데, 잠시 뜸했던 빈대가 밥상 다리를 기어 올라와 물어뜯기 일쑤였다. 다시 머리를 써서 밥상 다리 네 개를 물 담은 양재기 넷에 하나씩 담가 놓아 양재기 물에 빈대가 익사하게 했다. 그런데 이틀 뒤부터 다시 물어뜯기기 시작했다.

도대체 빈대가 어떻게 양재기 물을 피해 올라와 밥상 위에서 자는 사람들을 물어뜯는지 살펴보았다. 사람을 물어뜯기 위한 '빈대의 노력'은 정말 기가 막힐 정도였다. 빈대들은 방의 네 벽을 타고 천정으로 올라간 다음, 사람을 목표로 떨어져 내려 목적을 달성했던 것이다.

정주영 회장은 하찮은 빈대도 목적을 달성하기 위해 전심전력을 다하는 것을 보며, 어떠한 어려움도 극복하지 못할 장애가 될 수 없음을 깨닫게 되었다.

삶을 살면서 뜻하지 않은 시대의 변화를 나만의 기회로 만들며 목적을 달성해 내셨던, 정주영 회장의 자서전, 『시련은 있어도 실패는 없다』에서 '변화라는 현실을 인정하고 목적 달성을 위해 기회를 만드는 사람의 특성'을 나름대로 정리한 내용으로 소개한다.

현실을 인정하고 목적 달성을 위해 기회를 만드는 사람의 7가지 특성

① 건강관리에 힘쓴다: 건강이 기본이다.

② 항상 겸손하고 순수한 마음가짐으로 살라: 타인에 대한 이해의 폭을 넓혀라.

③ 항상 생각하는 사람으로 살라: 보다 나은 삶, 보다 나은 인간, 보다 나은 직장인, 보다 나은 발전에 대해

④ 견문(경험)을 넓혀라: 시간은 생명이다.

⑤ 긍정적이고 적극적으로 살라: 된다는 확신 90퍼센트, 반드시 되게 할 수 있다는 자신감 10퍼센트

⑥ 행동이 우선이다: '적당히'를 경계하라.

⑦ 어려운 일이라고 피하지 말라: 어려운 일을 피하다 보면 쉬운 일은 아무것도 없다.

좋은 습관 만들기

습관은, 그것이 습관이기 때문에 따라야 하며, 그것이 합리적이라든가 올바르다는 데에서 따라야 하는 것은 아니다.
습관은 제2의 천성으로서, 제1의 천성을 파괴하는 것이다.

–B. 파스칼, 『팡세』

10년 뒤 나의 모습 그려 보기

4차 산업혁명은 그야말로 세상을 바꾸는 혁명이다. 만약, '4차 산업혁명 시대를 살아 내기 위한 혁명적인 삶의 변화 방법은 무엇인가?'라고 누군가 묻는다면, '습관'이라고 답하고 싶다.

도대체 어떤 습관이 삶을 혁명적으로 바꾸어 원하는 삶을 살 수 있게 할까? 이 또한 답하기 어려운 질문이다. M.E. 몽테뉴의 『수상록』에서 그 답을 찾을 수 있었다. "습관은 제2의 자연이다. 제1의 자연에 비해서 결코 약한 것이 아니다. 습관은 하지 않는 일이나, 하지 못할 일은 없다."라는 말로 습관이 삶에서 얼마나 중요한 역할을 하는지 얘기했다.

삶을 혁명적으로 바꾸어 줄 습관이 무엇인지 모르겠다면, 당신의 10년 뒤 오늘을 상상해 보자. 10년 뒤 오늘, 당신이 어떤 장소에서 어떤 옷을 입고 어떤 옷을 입은 사람들과 어떤 대화를 하고 있으며, 그 대화를 하는 당신과 사람들의 표정은 어떠한가? 당신의 구체적인 상상이 당신이 원하는 삶인 꿈에 가까운 모습일 것이다.

건설 현장에서 근무하던 30대 초반에 '10년 뒤에도 지금과 같이 건설 현장에서 근무하게 될까?'라는 질문과 함께, '그렇다면 10년 뒤의 나는 어떤 모습으로 살고 있을까?'라는 질문을 스스로에게 해본 적이 있었다. 당시 나는 군대에서 사고로 다친 허리디스크와 사원 시절 회사 행사에서 다친 사고로 무릎 십자인대 재건 수술을 받은 상태였기 때문에 현장직보다는 사무직으로의 전환을 바라고 있기도 했다. 그러던 어느 날, 건설회사가 아닌 인력 파견 전문회사에 면접을 보게 되었다. 장소는 여의도였고 점심시간이었는데, 버스에서 내려 면접 장소로 가기 위해 건널목을 건너고 있었고, 수많은 직장인은 저마다 한 손에 음료수 컵을 들고 나와 반대 방향인 공원을 향해 걷고 있었다. 화이트칼라로 불리는 직장인들은 교복 같은 흰 와이셔츠와 양복바지를 입고 짙은 색 계열의 구두를 신고 있었는데, 그 모습이 꽤 부러웠었다. 전형적인 사무직 직장인들과 반대 방향으로 걸었던, 그 건널목에서 '나도 10년 안에 사무직 직장인들과 같은 복장으로, 여의도의 높은 건물에서 한강이 내려다보이는 자리에 앉아 일을 해야지.'라는 결심을 했었다.

이날 면접에서는 탈락했고 다시 근무하던 건설 현장에서 다음과 같은 생각을 하며 미래를 그려 보았다. '내가 상상한 모습을 실현하기 위해, 나는 지금부터 무엇을 해야 하는 걸까?', '내가 잘 하고 있고, 사무직으로 전환할 수 있는 분야는 무엇일까?' 이 질문들은 과거와 현실, 미래를 깊이 있게 생각하게 했고, 회사에서 필요한 법과 원칙, 다양한 상황에 빠르게 대응할 수 있는 역량을 갖춘다면 상상이 현실이 될 수 있으리라는 확신을 하게 해 주었다.

이런 확신은 회사에서 필요한 법과 원칙, 그리고 관리 업무에 필요한 지식들을 공부하는 동기가 되어 주었다. 먼저 1년 동안 공부할 범위를 설정하고 매월, 매주, 매일 단위로 세분해서 공부했다. 이렇게 1년 정도 공부를 하다 보니, 건설회사가 아닌 곳에서 스카우트 제의가 들어와 건설 현장을 벗어날 수 있었고, 여러 우여곡절과 함께 10년이 지난 어느 날 문득 온몸에 소름이 돋는 순간을 경험했는데, 인력 파견 회사에 면접을 보러 가던 때 생각했던 미래를 직접 만났기 때문이었다. 그 순간은 바로, 한강이 내려다 보이는 여의도의 고층 빌딩 35층에서 흰 와이셔츠에 양복바지와 검은색 구두를 신고 일을 하고 있는 내모습을 마주한 것이었다. 거짓말 같지만 정말 10년 전 상상했던 그 모습이었다. 마치, 영화에서 자주 접하는 '데자뷰'를 경험했던 순간이기도 했다.

10년 뒤의 구체적인 모습을 그리는 순간이, 지금을 기준으로 살아왔던 과거를 돌아보게 해 주어 현실의 수준을 알게 하고, 미래를 위해 무엇을 어떻게 준비해야 하는지 안내해 준다. 미래를 위해 무엇을 어떻게 준비해야 할까? 이 질문이 바로 습관을 만들 수 있게 하는 트리거(Trigger) 역할을 했다.

꿈에 관한 강의나 이야기를 할 때, 꿈을 막연하게 꾸지만 말고 꿈이 실현되었을 때의 모습을 구체적으로 그려 보라고 말하곤 한다. 막연하게 꾸는 꿈은 거품처럼 사라져 버리지만, 구체적으로 실현된 모습을 그려 본 꿈은 가슴과 머리에 각인되어 지워지지 않고 선명해진다. 10년 뒤 오늘의 내 모습을 그려보는 것처럼 말이다.

10년 뒤 오늘의 모습을 그려 보았다면, 그 모습이 되기 위한 실행계획을 세워보자. 실행계획을 연도별, 월별, 주별, 그리고 하루 단위로 잘게 쪼개어 수립하다 보면, 어떤 행동이나 일을 반복적으로 해야 하는지 자연스럽게 알게 된다. 이 행동이나 일이 바로 당신의 삶을 혁명적으로 바꿔 줄, '습관'이다.

좋은 습관 만들기 Tips ①

- 꿈을 꾸지만 말고, 꿈이 실현되었을 때의 모습을 구체적으로 그려 보기
- 그려 본 꿈의 모습을 실현하기 위한 구체적인 계획 세워 보기(연, 월, 주, 하루 단위)

나에게 질문하기

- 내가 구체적으로 그려 본 10년 뒤 오늘은 어떤 모습인가?
- 삶을 혁명적으로 바꾸어 줄 습관은 무엇이며, 지금 실천하고 있는가?
- 삶을 혁명적으로 바꾸어 줄 습관을 실천하지 않고 있다면, 그 이유는 무엇인가?
- 삶을 혁명적으로 바꾸어 줄 습관을 실천하기 위해 나에게 필요한 것은 무엇인가?
- 삶을 혁명적으로 바꿀 수 있는 것이 습관이 아니라면, 다른 무엇에 투자할 것인가?

매일 할 수 있는 작은 습관 만들기

하나의 눈 결정은 금방 녹아버리지만 계속 내리고 쌓이면 세상을 뒤덮는다. 작은 눈의 힘은 세상 사람들을 번거롭게 하기도 하고 행복감을 느끼게도 한다. 눈 결정 하나는 미약하지만, 그 결정이 모여 세상을 뒤덮듯이, 습관도 마찬가지다.

"1그램도 되지 않는 눈이 세상을 뒤덮는다."

습관의 '습(習)'은 '익히다, 배우다, 연습하다' 등의 뜻을 품고 있는데, 습(習)이라는 한자를 풀어 보면, 행동이나 태도가 몸에 익숙해지는 과정을 알 수 있다. '깃 우(羽)와 백(白)'이 합쳐진 한자로, 어린 새가 날기 위해서는 날갯짓을 수없이 반복해야 한다는 의미를 담고 있다.

즉, 행동이나 태도를 수없이 반복하여 내 몸에 익히게 되면 습관이 된다는 뜻이다. 다음에 소개할 세 가지 습관이 내 삶에 영향을 준 습관들이다.

첫 번째 습관은, **일기 쓰기**다. 하루에 있었던 좋았던 일, 그렇지 않았던 일과 그로 인해 움직였던 내 마음 등을 정리한다. 하루의 삶을 살아 낼 수 있음에 감사하고, 내일도 삶을 살아 낼 나를 스스로 응원하고 지지하는 숭고한 의식 같은 과정이다. 또한, 일기 쓰기는 글 쓰기 소재를 제공하기도 한다.

두 번째 습관은, **독서**다. 회사의 업무 시작 시각은 8시 30분인데, 7시 40분쯤 출근을 한다. 자리에 앉아 가장 먼저 노트북을 켠 다음 따듯한 차를 한잔 준비하고 책을 펼친다. 이렇게 준비하는 시간 10분 정도가 지나고 나면, 7시 50분부터 8시 30분까지, 40분은 오롯이 내 시간이다. 아무도 독서를 방해하지 말라는 신호로 이어폰을 끼고 음악을 들으며 독서를 한다. 이렇게 하루에 30~40분 정도 독서하는 습관으로 일 년에 30권 이상의 책을 읽을 수 있었다. 이런 독서습관 덕분에 매년 회사에서 다독왕(1등은 아니고 2등 정도)으로 선정되어 책을 더 사서 볼 수 있는 상품권을 선물받기도 했다.

회사 게시판에 올해의 독서왕으로 이름이 올려지면, 주변 사람들은 내게 많이 읽을 수 있는 방법을 묻곤 한다. 그러면 나는 '하루에 30분만 투자하라'고 말한다. 하루에 30분이 나를 독서왕으로 만들어 주었다고.

2018년 성인 독서량 설문조사에서 성인 한 명이 일 년에 8.3권의 종이 책을 읽는다고 한다. 여기서 잠깐, 지금 이 책을 읽는 독자분은 책 읽는 분들에 포함되시겠다. (그저 감사할 따름입니다.) 독서는 현재의 나를 표현하고, 미래의 나를 준비하는 소중한 보물을 만들어 가는 과정이다.

세 번째 습관은, 매주 돌아오는 주말에 적어도 반나절은 **혼자만의 시간을 갖는 것**이다. 그 반나절에는 영화를 보기도 하고, 분위기 좋은 카페에서 책을 읽거나 글을 쓰면서 시간을 보낸다. 때로는 드라이브도 하고, 쇼핑을 하기도 한다. 이렇게 혼자 보내는 시간은 새로운 한주를 살아낼 수 있는 에너지를 충전하게 해준다. 예로 든 습관을 요약하면 다음과 같다.

"아침 30분 책 읽기, 저녁 30분 일기 쓰기, 주말 반나절 혼자 놀기"

이 시간만큼은 내가 나에게 주는 선물이기 때문에, 나를 존중하고 사랑하고 있다고 자신 있게 말할 수 있다.

습관은 남들에게 자랑하기 위해 만들고 실천하는 것이 아니다. 삶을 보다 의미 있게 살기 위한 보물 같은 의식인 습관, 당신의 꿈을 위한 습관 씨앗을 찾아, 오늘부터 꿈 밭에 심어보자.

좋은 습관 만들기 Tips ②

- 매일 할 수 있는 습관 만들기
- 일정한 시간에 할 수 있는 습관 만들기
- 에너지를 충전할 수 있는 습관 만들기

나에게 질문하기

- 삶에서 긍정적인 영향을 준 습관과 부정적인 영향을 준 습관은 각각 무엇인가?
- 내가 알고 있는 사람들의 습관 중 따라하고 싶은 습관은 무엇인가?
- 지금부터 내 삶에 긍정적인 영향을 주기 위해 필요한 습관은 무엇인가?

관성을 끊기 위한 시작 의식 만들기

좋은 습관이 성과를 창출하고 삶의 목적을 달성하는 데 큰 힘이 된다는 것은 두말할 여지가 없는 진리다.

"한 개의 도미노는 1.5배 큰 것도 넘어뜨릴 수 있는 힘을 가진다."

자기 계발 방법을 알려주는 수많은 책도 이 진리를 예로 들어 좋은 습관을 만들도록 안내하고 있다.

그렇다면 어떻게 좋은 습관을 만들어야 하는가? 일단, 의식적으로 지금까지 해 왔던 행동들의 관성을 이겨내야 한다. 관성을 이겨내고 행동의 변화를 시작하기 위한 방법을 멜 로빈스는 저서 『5초의 법칙』에서, '시작 의식'이라는 용어로 소개하고 있다.

이 시작 의식은 "전전두엽 피질을 활성화해서 행동 변화를 돕는 과정이다. 전전두엽 피질은 우리가 집중하거나 의도된 행동을 취할 때 활성화되는 뇌 부위로, 기저핵, 습관 고리, 활성화 에너지, 가동성, 인지 편향,

신경 가소성, 전진 원리, 통제 위치 등에 영향을 준다." 정말 어려운 말들이다. 습관을 만드는 게 이렇게 어려운 말들을 알아야 한다면, 시작도 하기 전에 포기할 것 같다. 5초의 법칙을 더 쉽게 말하자면, '5, 4, 3, 2, 1' 카운트다운을 하며 실행을 독려하는 의식이라 할 수 있다. 『5초의 법칙』 저자인 멜 로빈스는, "TV에서 우주선 발사 카운트다운 장면을 보고 실행을 위한 시작 의식으로 5초의 법칙을 시작하게 되었다."고 한다.

생각해 보니 카운트다운은 아니지만, 나도 비슷한 시작 의식을 하곤 한다. "에잇, 이렇게 퍼질러 있으면 뭐하냐, 일단 일어나자." 하며 침대나 소파에서 일어나는 시작 의식을 한다. 주말에 집에서 게으름이 나를 누르기 시작할 때, "에잇, 일단 씻자." 하면서 샤워를 시작한다. 샤워를 하고 나면 샤워한 시간이 아까워서라도 무슨 일이든 시작하게 된다.

이렇게 돌아보니, 내 시작 의식은 "에잇!"인가 보다.

시작 의식은 평소에 하기 싫어서 망설여지거나, 이런저런 사소한 이유로 실행하지 못하고 있는 일들을 실행할 수 있게 도와준다. 그렇다면 좋은 습관을 만들기 위해서는 가장 먼저 바꾸어야 하는 것은 무엇일까? 앞으로 실행할 습관은 정했는데, 무엇부터 바꿔야 하나?

좋은 습관을 만들고 싶다면, 지금 사용하고 있는 '말과 글'부터 바꿔보기를 권한다. 생각보다 앞선 말과 글은 성공을 이끄는 습관을 만들어준다. 어떻게 좋은 말과 글이 나를 바꾸고 인생을 성공으로 이끌 수 있을까? 지금부터 소개하는 뇌에 관한 이야기는 과학적 근거를 두고 하는 말은 아니니, 굳이 검색하거나 검증은 삼가시길 독자 여러분께 부탁드린다.

뇌를 가만히 살펴보면 두개골 안에 갇혀 있어서, 눈을 감고 귀와 코, 입을 막고 있으면 아무것도 인지할 수 없게 된다. 우리가 좋은 말과 글을 사용해야 하는 이유가 여기에 있다. 내가 하는 말과 글을 다른 사람만 듣고 보는 것이 아니다. 심지어 혼자 운전을 하면서 무리하게 끼어드는 차를 향해서 하는 욕도 내가 듣는다. 뇌는 외부의 자극을 인지하고 생각하며 반응하기 때문이다.

그렇기 때문에 좋은 말과 글을 사용한다면, 뇌는 좋은 방향으로 행동하도록 몸을 움직이라는 지시를 하게 된다.

남다른 성과를 얻고, 성공적인 인생을 살고 싶다면, 시작 의식과 같은 첫 도미노 조각을 찾고 삶 속에서 도미노 효과를 만들어 보자.

"첫 번째 도미노 조각을 찾은 다음, 그것이 넘어질 때까지 있는 힘껏 내리친다." (THE ONE THING, 게리켈리, 제이 파파산 지음)

자, 이제부터 원하는 삶을 살기 위한 습관을 만들어 주는 첫 번째 도미노와 같은 시작 의식부터 만들어 보자. 이렇게 만들어지고 실행하는 시작 의식은 삶을 변화시키는 첫 번째 도미노 조각이 될 것이다.

좋은 습관 만들기 Tips ③

- 습관 만들기를 방해하는 부정적인 관성을 끊기 위한 나만의 시작 의식 만들기
- 말과 글을 긍정적으로 바꾸어 사용하기

나에게 질문하기

- 습관을 통해 남다른 성과를 얻고 싶은 것은 무엇인가?
- 좋은 습관을 만들기 위한 나만의 시작 의식인, '첫 번째 도미노'는 무엇인가?

♣ 좋은 습관을 만드는 방법

습관을 만들기 위해서는 목표부터 설정해야 한다.

목표를 설정했다면, 지금까지 사용했던 말과 글을 목표 달성을 위한 긍정적인 언어로 바꾸어야 한다. 생각보다 앞선 행동(말과 글)은 성공을 이끄는 행동(습관)을 만들어 주기 때문이다. 말과 글을 바꾸기 시작했다면, 습관을 실행할 수 있는 나만의 시작 의식을 만들어야 한다. 그래야 미루지 않고 실행할 수 있다.

시작 의식과 함께 습관을 실행하게 되었다면, 진행 과정과 결과들을 확인하고 평가한 후, 나에게 보상을 해 주어야 한다. 적절한 보상은 새로운 동기부여의 힘을 주기 때문이다. 그리고 마지막 단계는 습관 실행의 과정과 결과물들을 검토하고 수정하는 것이다.

지금까지 소개한 과정들을 통해 원하는 삶을 살 수 있도록 도와주는 습관이 만들어지고, 그 습관이 당신의 삶을 변화와 성장의 길로 안내할 것이다.

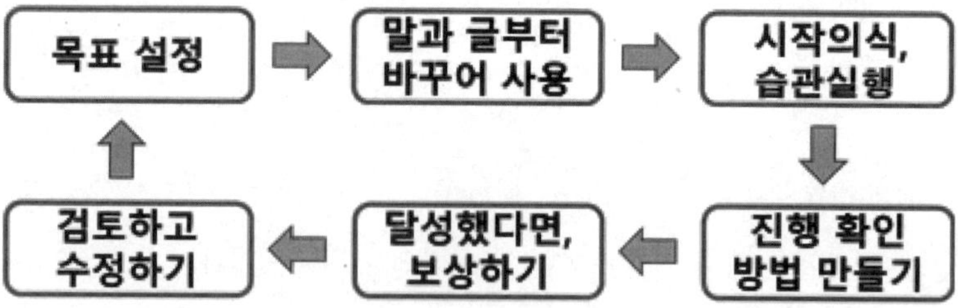

[좋은 습관 만들기 사이클]

소통의 달인되기

성실함의 잣대로 자신을 스스로 평가하라. 그리고 관대함의 잣대로 남들을 평가하라.

[존 미첼 메이슨]

베풀었으면 잊어버리기

부모가 자식에게 서운함을 느끼게 되면, "내가 너를 어떻게 키웠는데, 자식새끼 키워 봐야 다 소용없네."라며, 한탄하는 장면을 TV 드라마에서 자주 보곤 한다. 그런데 몇 년 전 모친으로부터 TV 드라마의 대사와 같은 말을 들은 적이 있다. 당시는 회사와 가정에서 무척 힘들었던 시기였다. 매월 홀로 계신 모친을 찾아뵙고, 연락을 하며 안부를 챙겼었는데, 당시에는 주변을 챙기기도 힘든 상황에서 자주 연락을 하지 못했던 시기에 모친께서 외롭고 서운하셨던 것 같다. 부모와 자식 사이도 그렇지만, 친구와 사회생활에서 만나는 주변인과의 관계에서도 서운함을 느끼게 되는 경우가 자주 발생한다.

그렇다면 이런 서운한 감정은 왜 생기는 걸까? 상대방에게 느끼는 서운함은 '본전' 생각 때문이다. 본전의 사전적 의미는, "꾸어 주거나 맡긴 돈에 이자를 붙이지 아니한 돈, 장사나 사업을 할 때 본밑천으로 들인 돈, 원가 또는 그것에 해당하는 돈"이다. (비슷한 단어인 밑천은 어떤 일을 하는 데 바탕이 되는 돈이나 물건, 기술, 재주 따위를 이르는 말이다.) 그리고 관계에서 상호 보상을 뜻하는 'Give and Take'라는 말도 서운한 감정이 생기는 원인을 알 수 있는 문구이기도 하다.

'Give and Take'의 원칙이 반드시 유지되어야 하는 관계는, 갑과 을의 관계인 '계약 관계'이다. 우리의 삶을 이루고 있는 부모 자식, 부부, 친구, 직장 동료, 상사와 부하 관계는 어떤 관계일까? 계약 관계일까? 간혹, 회사에서 상사와 부하 관계가 계약관계라고 생각하는 사람도 있다. 하지만, 그렇지 않다. 회사와 개인 간의 계약관계만이 '개인이 용역을 제공하고, 회사는 그 대가로 재화를 지급하는 관계'라는 상호 보상관계에 있다.

상호 보상이 반드시 일어나는 계약관계가 아닌 주변인과의 관계에서, 우리는 본전생각 때문에 관계의 훼손을 경험하게 된다. 물론, 관계의 훼손은 소통의 장애가 원인이기도 하다. 정말 도움을 주고 베풀었던 일에 '대가'를 원했다면, 상대방에게 말했어야 한다. 소통의 사전적 의미에서도 이유를 알 수 있다. 소통이란, "뜻이 서로 통하여 오해가 없음"을 말한다. 서로 뜻이 통해야 소통되었다고 말할 수 있고, 원만한 관계를 유지할 수 있다.

그렇다면 원활한 관계를 유지하기 위한 삶의 방식은 무엇일까? 대가를 바라지 않고 배려와 도움을 주었다면, 'Give and Take'보다 'Give and Forget(본전 생각을 잊자)' 하는 것이다. 프랑스 문호 앙드레 지드는 『지상의 양식』에서, "보상이란 생각을 아예 마음속에서 없애 버릴 것. 정신에 대한 커다란 장애가 거기에 있다."라고 하여, "돌려받으려는 마음을 경계해야 한다."라고 말했다.

만약, 'Give and Forget'을 실천하기 힘들다면, 처음부터 'Give'를 하지 않는 것이 자신의 행복에 도움이 되는 길이다. 또한, 'Give and Forget'은 내게 돌아올 보상보다 상대방의 성장을 기뻐하는 마음으로 원활한 관계 유지와 관계 속에 있는 나의 행복을 위한 길이기도 하다.

"Give and Forget!" Tips

⇨ 상대방과 상호 보상 관계나 계약관계에 있는지 고려하기

⇨ 상호 보상 관계나 계약관계가 아니라면, 보상 차원으로 무언가를 돌려받으려는 마음을 갖지 말고, 보상을 받고 싶은 마음이 든다면, 아예 'Give'하지 않기

나에게 질문하기

⇨ 최근 한 달 동안, 내가 누군가에게 도움을 주고 무엇이든 보상을 바랐던 일은 무엇인가?

⇨ 어떤 대가를 바랐으며, 받은 대가는 기대한 만큼 충분했는가?

⇨ 최근 한 달 동안, 내가 도움을 받았지만, 대가를 하지 않았거나 못 했던 일은 무엇인가?

⇨ 어떤 이유로 도움을 준 사람에게 대가를 하지 않거나 못 하였는가?

⇨ 내가 생각하는 도움에 대한 진정한 대가는 무엇인가?

잊지 못하겠다면 물어보기

전 장의 "Give and Take?" ⇨ "Give and Forget!"(본전 생각을 잊자)에 이어, 이번 장에서는 가족, 회사 내 동료와 상사 등 주변인들과 관계를 원만하게 유지할 수 있는 소통 방법을 추가로 소개하고자 한다.

먼저 소개했던 'Give and Forget'에서, "상호 보상이 반드시 일어나야 하는 계약관계가 아닌 주변인과의 관계에서, '본전' 생각 때문에 '관계'

의 훼손을 경험하게 되어 소통에 장애가 일어나며, 정말 도움을 주고 베풀었던 일에 '대가'를 원했다면, 상대방에게 말을 해야 한다."라고 했다.

내 생각이나 뜻을 말하지 않으면 상대방에게는 없는 것이며, 말하지 않고 대가를 바라는 것은 '나만의 생각과 바람'이다. 더불어 원만한 관계에 도움이 되는 소통의 길은, "내게 돌아올 보상보다 상대방의 성장을 기뻐하는 마음을 갖는 것이 내 행복에 도움이 된다."라고 소개했다.

이번 장에서는, '소통'과 '프레임'의 관계를 소개하고자 한다.

'프레임'은, '사물(나무, 금속, 가구, 자동차 등)의 틀'을 말한다. 서울대 심리학과 최인철 교수는 저서 『프레임(나를 바꾸는 심리학의 지혜)』에서, 관계 속에서의 프레임을 다음과 같이 소개했다.

"프레임은 인간과 사회를 바라보는 다양한 시각과 새로운 통찰을 일깨우는, 세상을 바라보는 '마음의 창'"이라고 했다. 또한, "사람들은 흔히 프레임을 '마음가짐' 정도로만 생각하는데, 프레임은 단순한 마음먹기가 아니다. 그것이 습관으로 자리 잡을 때까지 리프레임하는 과정을 끊임없이 반복해야 한다. 이러한 과정은 언어와 은유, 가정과 전제, 단어와 질문, 경험과 맥락 등을 점검한 후에 더 나은 것으로 설계하고 시공하는 작업을 필요로 한다. 우리의 착각과 오류, 오만과 편견, 실수와 오해가 '프레임'에 의해 생겨남을 증명하고, 그것에서 벗어나는 방법을 제시한다. 오해와 편견으로 가득 찬 세상에서 나와 타인을 이해하고, 더 나은 삶을 창조하는 지혜와 겸손을 장착하는 것이다."

'소통'은, "뜻이 서로 통하여 오해가 없음"이다. 소통의 한자어 중, 소통

할 소(疏)는, 소통하다, 트이다라는 뜻이고, 통할 통(通)은, 알리다, 알다, 내왕하다라는 뜻을 품고 있다. 요약하자면, 소통은 '트이게 하여 알리다(알다)'이다.

'프레임'은 '세상을 바라보는 마음의 창'이라 했는데, 소통도 나와 상대방의 프레임이 상호 작용할 때 원만하게 이루어진다. 원만한 관계 유지와 소통은, '나의 프레임을 트이게 하여 생각과 감정을 알리고, 상대방의 프레임에 들어가 생각과 감정을 알려는 노력이 습관화'되어야 원활해진다.

그렇다면 나의 생각과 감정을 알리고, 상대방의 생각과 감정을 알 수 있는 방법은 무엇일까? 상대방의 생각과 감정이 궁금하다면, 속으로 추측하지 말고 '질문'하는 것이다. 영국 속담에 "하나도 묻지 않는 사람은 하나도 모른다."라는 말이 있다. 일본에도 질문과 관련한 속담이 있는데, "몰라서 묻는 것은 일시적인 창피, 몰라도 묻지 않으면 일생의 창피"라고 한다. 영국과 일본의 속담에서 알 수 있듯이, 질문이 없으면 내가 알 수 있는 것도 없게 된다.

내가 아닌 누군가의 생각이나 마음이 궁금하다면 상대방에게 물어야 한다. 즉, "Give and Ask"하라. 상대방의 프레임으로 들어가는 가장 효율적이고 효과적인 방법이 질문이기 때문이다. 누군가와 답답한 관계라면 다음에 소개하는 상대방의 프레임으로 들어갈 수 있는 질문들을 활용해 상황과 관계를 원활하게 풀어보자.

"이 건에 대한 제 생각은 이런데, 당신은 어떻게 생각하시나요?",

"저에게 이렇게 말씀하시니 불쾌한 감정이 드는데, 당신의 생각을 좀 더 구체적으로 말씀해 주실 수 있을까요?",

"저는 이렇게 하고 싶은데, 당신도 함께하실 수 있나요?",

"저는 당신의 의견을 이렇게 이해했는데, 제가 제대로 이해한 건가요?",

"제가 이해한 부분에 오류가 있다면, 말씀해 주시면 감사하겠습니다."

"Give and Ask!!" Tips

- ➩ 상대방의 상황이나 생각이 궁금하면 나의 상황이나 생각을 먼저 알려주고 난 뒤 질문하기

나에게 질문하기

- ➩ 누군가에게 이유를 묻지 않아 내가 손해를 본 경험이 있는가?
- ➩ 내가 질문하지 않았던 이유는 무엇인가?
- ➩ 주변 사람들과 관계 속에서 원활한 소통을 위해 필요한 질문 한 가지를 꼽는다면?

소통이 안 된다면 '내가 했던 말들 되짚어 보기'

우리 주변에는, "개떡같이 말해도 찰떡같이 좀 알아들어야지." 하는 말을 자주 사용하는 사람들이 있다. 이 말은 꽤 오랫동안 함께 업무나 생활을 함께 한 사람들 사이에서 쓰이는데, 주로 상사들이 부하 직원에게 자주 하는 말이기도 하다.

그런데 정말 개떡 같은 말을 찰떡같이 알아들을 수 있는 사람이 얼마나 될까? '거시기'라는 표준어가 있는데, 삼겹살을 먹을 때 쌈장이 조금 멀리 있는 경우, "저기, 거시기 좀 줘 봐." 하면 옆에 있는 사람이 쌈장을 건내 주곤 한다. 이런 상황은 삼겹살을 먹으려는 순간, 쌈장이나 기름장이 필요하다는 맥락적 이해가 서로 통했기 때문에 거시기라는 단어가

어색하지 않은 것이다. 다소 단순한 상황에서 '거시기'라는 단어의 의미가 통하는 것이다.

그렇다면 단순하지만은 않은 회사생활에서 상사가 부하 직원에게 개떡같이 업무 지시를 하는 상황을 살펴보자.

"내일 고객을 만나야 하는데, 저번에 얘기한 자료 있지, 그거 가지고 와봐.",

"17년 전략에서 16년에 잘 안 됐던 거, 그거 좀 빼서 가지고 와봐~~",

"어제 발생한 사고 좀 잘 처리해 봐." 등등.

아무리 찰떡같이 알아들으려 해도 자칫하면 일이 잘못된 방향으로 흐를 수도 있는 개떡 같은 업무 지시들이다.

모호한 단어와 넘겨짚어야 하는 지시, '무엇을, 어떻게, 왜 해야 하는지'를 명확하게 언급하고 있지 않은 업무 지시를 받아 본 경험들이 꽤 많지 않은가. 물론, 상사의 생각과 기대에 적합한 결과를 만들게 되는 일도 있지만, 반대의 경우에는 어김없이 듣는 말은 이렇다.

"최 대리는 개떡같이 말해도 찰떡같이 좀 알아듣는 맛이 없어~~."

"나하고 일을 얼마나 했는데 말이야~~쯧쯧."

회사 일을 하면서 내가 하고자 하는 찰떡 같은 일을 찰떡으로 제대로 설명하고 일의 결과도 찰떡으로 얻고 싶다면 어떻게 소통해야 할까? 답은 'Why, What, How'다. 일의 목적과 가치를 공유하기 위해 가장 먼저 해야 하는 소통이 '일을 왜(Why) 하는지'다. 일이 끝났을 때 어떤 결과를 기대하는지를 시작 시점에 명확히 해야 하기 때문이다. 다음으로 기대하는 결과를 만들기 위해, '구체적으로 어떤 일을 해야 할지(What)' 협의해야 한다. 마지막 단계로 구체적으로 협의한 일을 '어떻게(How) 하면 잘할 수 있을지' 소통해야 한다.

개떡을 개떡이라고 이해했다면, 정말 잘 이해한 것 아닐까? 만약 개떡을 개떡보다 못하게 이해할 수도 있지 않은가? 개떡은 개떡이다. 찰떡이 찰떡인 것처럼. 누구나 찰떡을 개떡이라고 하진 않는다. 소통은 나의 의도와 생각을 명확하게 얘기하는 것에서부터 시작된다. 그리고 상대방이 이해할 때까지 구체적으로 설명해야 한다.

눈높이 소통 Tips

- 함께 일을 하는 동료와 'Why, What, How'를 통해 일의 목적과 가치를 공유하기
- 상대방이 내 말을 잘 이해하지 못하는 경우, 내가 말한 내용을 되짚어 보고 구체적으로 설명하지 않은 부분은 수정하고 보충 설명하기

나에게 질문하기

- 내 주변에 개떡같이 말하면서 찰떡같이 알아듣기를 바라는 사람은 누구이며, 그 사람에게 한마디 한다면?
- 가장 소중한 사람에게 나의 마음을 전달한다면, 어떤 말로 마음을 표현하겠는가?

상대방이 내 맘 같지 않다면, '내 생각 자세히 이야기하기'

추운 겨울 어느 날 저녁, 퇴근 버스에서 버스 기사님과 뒷자리 승객들과의 일화를 통해 소통의 중요성을 경험했던 일이 있었다.

그날은 겨울이었고, 추운 날씨에 비까지 와서 버스 안 창문 유리에 습

기가 가득 차서 창밖이 보이지 않았다. 더욱이 퇴근 시간이라 손님들로 가득한 만원 버스였는데, 광화문으로 매일 출퇴근할 때 이용하던 좌석 버스이기도 했다.

사건의 발단은 하차 안내 방송 소리가 너무 작아서였다. 들릴까 말까 할 정도로 가늘게 차 안에 울려 퍼지는 안내방송은 버스정류장 이름을 알아들을 수 없었다. 제대로 들리지 않는 안내방송과 차 밖을 볼 수 없는 상태에서 40분 이상 버스가 운행되는 동안 승객들은 내릴 정거장을 놓치기도 했고, 차내 공기는 점점 탁해지면서 답답하기까지 한 상황이 되었다.

너도나도 답답한 상태에서 방송까지 들리지 않자, 슬슬 뒷자리 승객들이 웅성거리며, 불만을 토해내기 시작했다.

"방송이 왜 안 나와!",

"정거장도 그냥 지나쳤잖아!",

"에이! 뭐 이래, 밖은 보이지도 않는구만!"

몇 개의 정거장을 정차 없이 그냥 지나치기도 하고, 신호대기 정지선에서는 급출발까지 하는 등 불안한 운전이 계속되던 상황에 갑자기 한 남자 승객이 크게 소리를 질렀다.

"아이! 방송 좀 크게 틀어줘요!"

그야말로 불만 가득한 외침이었는데, 버스 기사님은 아무런 대답도 없이 운전만 하는 것이 아닌가. 그러자 화가 잔뜩 오른 다른 승객이 더 큰 소리로 외쳤다.

"아이 씨~~ 방송이라도 크게 틀어줘야 할 거 아니야? 정거장도 지나치고~~ 뭐 이래!!!"라며 불만을 토로했다.

잠시 뒤, 버스 기사님이 이 소리를 들었는지 지정 정거장을 조금 벗어나서 정차하는 것이 아닌가. 버스 기사님은 사이드 브레이크를 당기고, 소리를 지르며 화를 냈던 승객들이 있는 뒷자리로 다가왔다.

'이제 한바탕 난리가 나겠구나.'라는 불길한 생각이 들었다.

그런데 주먹다짐이라고 할 것 같은 분위기에서 버스 기사님은,

"사람들이 말이야, 양심들이 없어. 다들 이기적이야. 방송 스피커를 다 꺼놓고 소리 작다고 난리들이야."라며 승객들에게 다가와 짜증 섞인 말투와 함께 뒷자리 스피커 버튼(창가 좌석 머리 위 조명이 있는 부분 세 개 중 가운데 위치한 버튼)을 누르며 켜는(ON) 것이 아닌가. 나를 포함한 뒷자리 승객들 모두는 황당함에 말을 잊을 정도였다.

"헐~~~!"

졸지에 모두가 양심 없고 이기적인 사람들이 되어 버렸다. 물론 그 뒤로 하차 안내방송은 기사님과 뒷자리 승객들의 심리적 짜증을 갈라놓고도 남을 만큼 크게 울려 퍼졌다.

그런데 버스 안 스피커에 '안내방송 ON/OFF' 표시가 있었거나, 승객들의 방송이 들리지 않는다는 클레임에 기사님께서 "머리 위 스피커 버튼을 눌러 주세요."라고 대답만 했었다면, 서로 짜증 내는 상황은 없었을 것이다. 그리고 뒷자리에 있던 승객들은 양심도 없는 이기적인 사람들로 몰리지도 않았을 것이다.

나와 주변 상황, 그리고 현상이나 방법 등을 얘기하지 않으면, 상대방 처지에서는 '모르는 것'이 아니고, '없는 것'이다. 버스 승객들은 스피커 버튼이 있다는 사실 자체를 몰랐었다. 아니, 승객들에게는 스피커 버튼은, 그 존재를 '몰랐던 것'이 아니고, '없었던 것'이라고 하는 것이 정확하다. 스피커 버튼은 오로지, 버스 기사님에게만 있었다.

회사나 일상생활에서도 비슷한 상황들을 경험하게 된다. 말하지 않으

면, 상대방에게 내 의견이나 뜻은 없다. '알아주겠지', '설마 이 정도는 알겠지.'라는 내 생각은 논란의 불씨가 되기 때문에, 말하기 소통으로 반드시 그리고 자세히 설명하자.

말하기 소통 Tips

- 내 의견이나 생각을 상대방에게 말하지 않으면, 상대방에게 내 생각이나 의견은 없다.
- 누군가와 일을 할 때 '알아주겠지', '설마 이 정도는 알겠지'라는 생각이 든다면 그 사람에게 내가 생각하는 내용을 자세히 이야기하기

나에게 질문하기

- 어떤 상황에서 내 의견을 말하지 않는가?
- 내 의견을 말하지 않은 이유는 무엇인가?
- 살면서 내 의견을 말하지 않아 손해를 본 경험은 무엇이며, 그 순간으로 돌아간다면 어떤 의견을 말하고 싶은가?
- 내 의견을 말하지 않았던 나에게 응원의 한마디를 한다면?

힘들다면 '솔직히 이야기하기'

사회생활을 하면서 권위와 권위주의에 관한 이야기를 자주 하곤 한다. '권위'의 사전적 의미는, "남을 지휘하거나 통솔하여 따르게 하는 힘, 일정한 분야에서 사회적으로 인정받고 영향력을 끼칠 수 있는 위신"이다. 그리고 '권위주의'는, "어떤 일에 있어 권위를 내세우거나 권위에 순

종하는 태도"다.

그렇다면 리더의 권위는 어떻게 조직 내에서 부작용 없이 조직원들에게 권위주의라는 영향력으로 발현될 수 있을까? 관련 기사와 설문조사 결과를 통해, 권위와 권위주의에 대해 살펴보자.

2017년 고용부의 '근무혁신 10대 제안' 중, 하나인 '퇴근 후 카톡 금지법'이 화제가 되기도 했다. 고용부 관계자는 "우선 근로시간 외 업무지시 제한 등 근로자의 휴식권 보장을 위한 캠페인 등은 추진 중"이라며, "지침 마련이나 근로감독 등 법적 측면에 대해서는 아직 많은 부분을 검토해봐야 한다."라고 했다.

또한, 고용부는 '근무혁신 10대 제안'을 마련해 퇴근 후 업무 연락 자제 등을 명시한 바도 있지만, 관리자의 인식 개선이나 행동 변화를 통해 업무 연락을 자제한다는 데 그쳐 실효성은 미비했다.

2017년 9월 4일 취업포털 '잡코리아'가 직장인 717명을 대상으로 '퇴근 후 카톡 금지법' 관련 설문조사 결과, '87.8%'가 금지 법안이 필요하다고 했지만, 막상 66.1%의 직장인들은 '법안 제정은 가능하지만, 현장 정착은 어렵다'고 답해 실현 가능성에 대해서는 회의적인 모습을 보이기도 했다.

그동안 직장 내 불편한 일들에 대한 규제 노력이 꾸준히 있었었고, 2019년 7월 16일부터 '직장 내 괴롭힘 방지법'이 시행되면서, 그동안의 '근무혁신 10대 제안'과 '퇴근 후 카톡 금지법' 등이 현실화되었다.

이런 시대적 흐름에도 불구하고 회사 일에 의욕적이고 늘 깨어 있어야 한다고 주장하는 어떤 리더들은 본인의 문제의식과 개선 의지를 시도 때도 없이 표현하기 위해, '퇴근 후 카톡'이나 '퇴근 시간 즈음 업무

지시'를 하곤 한다.

또한, 출근하자마자 업무 시작 전임에도 불구하고, 마치 밤새 생각한 것들을 쏟아 내기라도 하듯, 회사 메일과 문자, 카톡 등으로 업무 지시를 하기도 한다.

그런데 이런 리더의 행동을 팀원들은 어떻게 받아들일까? "생각은 시와 때가 없지만, 팀원들에게 표현할 때는 시와 때가 있는데~"라고 생각하며 불만만 커지게 될 것이다.

리더의 권위가 팀원들에게 자연스럽게 권위주의라는 영향력으로 나타나는 상황과 관련된 흥미로운 설문조사 결과도 있다. 설문은 2016년 5월 현대모비스에서 실시한 "리더의 어깨는 무겁다" 중에서, '이럴 때 리더를 챙겨주고 싶다'는 질문에 대한 직장인들의 답이다.

'리더가 후배의 잘못을 짊어지고 상사에게 질책당할 때(58%)', '후배에게 힘든 점을 솔직하게 말하고 도움을 요청할 때(20%)'라는 응답이 많았다. 이어 '상사가 일을 하느라 밥도 잘 못 챙겨 먹을 때(10%)', '프로젝트(업무) 성과가 아쉬울 때(9%)'라는 답변이 뒤를 이었다.

더불어 '이럴 때 상사를 대하기 어렵다'는 항목에는, '무조건 시키는 대로 하라고 지시할 때(37%)', '우유부단하게 조직을 이끌 때(26%)', '때와 장소를 가리지 않고 문책할 때(15%)', '본인 일을 후배에게 떠넘길 때(13%)', '인간적인 빈틈조차 보이지 않을 때(7%)'라는 답이 있었다.

두 설문조사를 통해 '상사의 권위가 자연스럽게 권위주의로 나타나는 리더의 행동은, 부하 직원을 배려하는 상사의 행동에서 비롯된다.'는 것을 알 수 있다.

한국의 경제학자이며 서울대학교 8대 총장을 역임한, 신태환 씨는 그의 저서 『대학의 자유와 권위』에서, "권위는 어디까지나 힘과는 구별되어야 한다. 권위는 힘에 근거를 두는 것이 아니고 인간적 조직 자체에 짜여 들어가 있는 가치적인 것이다."라며, 권위는 조직 내에서 중요한 가치를 품고 있음을 강조했다. 『아침에 쓴 편지』의 저자 박갑성 씨는, "참된 권위는 생명을 전진시키며 창조하고, 전통을 발전적으로 계승합니다. 참된 권위는 명령하지 않고 완고하지 않고, 허영을 모릅니다. 참된 권위는 오히려 역사와 사회 속에서 봉사하기를 좋아할 것입니다."라며, 힘으로 강요하지 않는 권위의 가치를 알려주었다.

그렇다면 조직에서 부하 직원과 원활한 소통을 위해 어떻게 배려해야 하는가? 답은 앞서 소개한 설문조사 결과에서 찾을 수 있다.

첫 번째 답은 무조건 시키는 대로 하라고 지시만 하지 말고, 일의 목적과 해야 하는 당위성을 충분히 공유해야 한다. 그야말로 충분히 이야기해야 한다.

두 번째는 우유부단하게 조직을 이끌지 말고, 결단이 필요한 순간에는 과감하게 결정해야 한다. 조직 내에서 일을 하다 보면, 부득이하게 일을 중단하거나 경로를 수정해야 할 상황들을 종종 만나게 된다. 그럴 때마다 이것도 저것도 아닌 리더의 태도는 구성원들 모두가 망망대해에서 방향을 잃고 표류하는 상황을 만든다. 어차피 조직이 하는 일에 대한 최종 책임자는 리더이기 때문에, 리더의 과감한 결단과 결정이 일의 추진력과 부하 직원들의 신뢰를 일으키는 동기부여가 된다.

세 번째로 부하 직원을 문책할 때는 때와 장소를 가려야 한다. "칭찬은 고래도 춤추게 한다."라는 말과는 반대로 때와 장소를 가리지 않는 문책은 고래를 새우처럼 행동하게 만든다. 즉, 부하 직원의 고래와 같은 잠재력이 작은 새우의 모습처럼 위축되어 버리기 때문이다. 문책은 일대일로 리더인 당신이 감정적이지 않은 상태가 되었을 때 해야 한다. 리더가 생각과 감정을 정리하는 동안 부하 직원도 시간을 갖고 스스로 성찰할 시간을 갖게 된다.

네 번째는 리더와 부하 직원의 인간적인 관계 형성이다. 지나치게 경직되고 완벽을 추구하는 리더는 스스로 번아웃에 빠지기 쉽다. 힘들 때는 힘들다고 얘기하고 부하 직원들에게 도움을 청하라. 그래야 부하 직원도 힘들거나 리더의 도움이 필요할 때 도움을 청할 수 있다. 즉, 리더가 먼저 마음을 열고 틈을 보여야 부하 직원들이 그 공간으로 들어와 가치를 같이 나누어 시너지를 낼 수 있다.

만약, 부하 직원이 의욕적이지 않고 깨어 있지 않다고 생각하는 리더들이 있다면, 리더와 부하 직원이 함께 노력하지 않으면 조직의 목적은 달성되기 힘들다는 점을 인정하고 힘이 아닌 소통을 통한 권위의 실현을 이루기 바란다. 즉, 배려를 통한 원활한 소통이 권위와 함께할 때, 조직의 목적 달성을 이루는 권위주의가 실현될 수 있는 것이다.

관계 속에서 가치를 같이 하기 위한 배려하기 Tips

- 무조건 시키지 말고, 일의 목적과 가치를 충분히 설명하기
- 결단이 필요한 순간은, 단호하고 빠르게 결정하기
- 누군가를 질책해야 한다면, 때와 장소를 가려 질책하기
- 힘들고 지쳤다면, 함께 일을 하는 사람들에게 솔직하게 얘기하기

나에게 질문하기

- 후배들이 답답하게 느껴지는 때는 언제인가?

- 후배들이 고맙게 느껴지는 때는 언제인가?
- 나는 후배들에게 10점 만점에 몇 점 정도의 선배 또는 동료라고 생각하는가?
- 10점 만점이 되지 못하는 이유는 무엇이며, 부족한 점수를 채우기 위해 노력해야 할 부분은 무엇인가?

'꼰대'에서 '배려의 달인'되기

일 년 전 친한 코치 한 분이 "코치님은 회사에서 자신이 꼰대라고 생각하시나요?"라는 질문을 던졌다. "에이, 저는 꼰대 아니에요."라고 대답을 했는데, 그분은 다시, "제가 보기엔 최 코치님도 꼰대 기질이 다분해요. 몰랐죠?"라며, 충격적인 질문과 답을 던지는 것이 아닌가.

'꼰대'는 은어로, '늙은이' 또는, '선생님'이라는 단어다. '음~~내가 늙었나? 아니면, 선생님 이미지가 강한가?' 나이도 좀 있고, 선생님 이미지도 다분히 있는 건 인정한다. 그런데 "꼭 나이가 많지 않더라도, 자신의 경험을 일반화해서 남에게 일방적으로 강요하는 것"이 '꼰대질'이란 생각을 한 순간, 거부하고 싶었지만 꼰대라는 사실을 인정할 수밖에 없었다.

내 경험을 일반화해서 후배들에게 강요하는 꼰대질은 주변의 나이 어린 사람들이나 부하 직원들의 기를 꺾고, 불안감을 증폭시키는 선하지 못한 행위이기도 하다. 더불어, 인생과 회사생활 선배로서 후배들을 위한 배려는, '꼰대질'을 자제하는 것이라는 반성도 하게 되었다.

꼰대들이 평소 자주 사용하는 말투를 '꼰대 6하원칙(5W, 1H)'을 통해,

얼마나 꼰대질을 하고 있는지 확인해 보자. 꼰대들의 꼰대질은 대상이나 수위가 다를 뿐이지, 주변 사람들에게 경험과 노하우를 공유한다는 의도로 자기의 경험을 일반화해서 잘난 척하며 강요하는 것을 말한다.

회사에서 일을 할 때 꼰대들은 다음과 같이 자신의 경험을 일반화하고 잘난 척하며 그 잘나지도 않은 경험들을 따르도록 강요한다. 지금부터 실제 회사 생활에서 흔히 볼 수 있는 꼰대 6하원칙에 충실하신 꼰대들의 모습을 사례를 통해 살펴보자.

첫 번째 "내가 누군 줄 알아?"라고 큰소리만 치는 꼰대 사례다. '내가 누군 줄 알아' 형의 꼰대들은 회의나 후배들과의 대화에서 다음과 같은 말들을 자주 한다. "야~~내가 어떤 사람인 줄 알아? 내가 이전 회사 CEO가 일 잘한다고 전 직원들 앞에서 칭찬할 정도로 인정받던 사람이야!!! 늬들 CEO가 전 직원들 앞에서 칭찬한다는 게 어떤 의미인지 알지? 내가 지금은 이렇지만, 정말 대단한 사람이었다."라고 말이다. 그런데 왜 이전 회사에서 퇴사했을까? 후배들은 그 이유가 궁금할 뿐이다.

당신이 '내가 누군 줄 알아' 형의 꼰대라면, 자신의 경험을 후배들에게 친절히 설명하고 참고가 될 수 있도록 배려하는 '저는 이런 사람입니다' 형의 배려의 선배가 될 것을 권한다.

두 번째 꼰대 유형은 '네가 뭘 안다고' 형이다. 이 유형의 꼰대들은 회의를 할 때, 후배가 선배와 다른 의견을 제시하거나 본인이 알지 못하는 의견에 대해 무시하며 이렇게 말한다. "그건 최 대리가 경험이 없어서 하는 소리야. 네가 그 일 해 봤어? 안 해봤지? 나는 왕년에 다 해 봤어. 해보지 않았으면 말을 말어. 그 일은 말이야 이렇게 하는 거야!!"라며, 현실과는 동떨어진 과거의 경험을 기준으로 후배들의 의견을 윽박지르고 무시하기 일쑤다. 꼰대가 일하던 그 시절과 지금은 일의 조건이나 주변 상황이 다르기 때문에 과거의 경험은 참고하는 것임을 인정하지 않고 일을 과거지향적으로 만들어 버린다.

당신이 '네가 뭘 안다고' 형의 꼰대라면, 현실을 반영한 자신의 생각을 자세히 설명하는 '제 생각에는' 형의 배려하는 선배가 될 것을 권한다.

세 번째 꼰대 유형은 '네가 어디서 감히' 형이다. 이 유형의 꼰대들은 목에 깁스를 한 것처럼 뻣뻣하기 그지없다. 자신의 의견은 말하지 않고 무조건 후배들의 의견을 반대하거나 꼬투리 잡기에 바쁘다. 그러다, 후배가 주장을 강하게 하면, "어디서 감히 대리 주제에 부장한테 눈을 똑바로 뜨고 대들어?"라며 지위를 이용해 후배의 기를 꺾고 회의를 중단해 버리기도 한다.

당신이 '네가 어디서 감히' 형의 꼰대라면, 일의 목적을 달성하기 위해 다양한 의견을 수렴하는 '당신의 생각을 알려주시겠어요?' 형의 열린 마음을 표현하는 배려의 선배가 될 것을 권한다.

네 번째 꼰대 유형은 '내가 왕년에' 형이다. 이 유형의 꼰대들은 첫 번째 유형인 '내가 누군 줄 알아?' 형과 비슷한데, 시대의 변화를 거부하는 사람들이 대부분이다. 시대의 변화를 거부하는 것이 자신의 자리를 안전하게 유지하는 길이라는 잘못된 믿음이 과거 집착형 꼰대로 살게 만든다.

당신이 '내가 왕년에' 형의 꼰대라면, 현실을 인정하고 일의 목적과 미래 지향적인 자세로 자신의 과거 경험을 겸손해하는, '제 경험으로는'형의 배려의 선배가 될 것을 권한다.

다섯 번째 꼰대 유형은 '내가 그걸 왜' 형이다. 이 유형의 꼰대들은 말 그대로 방관자에 가깝다. 의견도 제시하지 않고, 일을 시키면 온갖 핑계를 들어 빠져나가려고만 한다. 조직은 업무를 나누어 각자가 제 역할을 제대로 수행할 때 과업을 달성할 수 있고 조직의 존재 이유와 가치를 증명하며 존재할 수 있다. 그런데 '내가 그걸 왜' 형의 꼰대가 있는 조직은 과업의 달성이 힘들고 존재의 이유를 증명할 수 없으므로, 결국 조직의 해체를 불러오기도 한다. 당신이 '내가 그걸 왜' 형의 꼰대라면, 솔선수범하는 리더십으로 조직의 활력과 조직력을 발휘할 수 있도록 시너지 창출의 주인공이 되는, '제가 해 보겠습니다' 형의 배려의 선배가 될 것을 권한다.

마지막 꼰대 유형은 '어떻게 나한테' 형이다. 이 유형의 꼰대들도 다섯 번째 꼰대 유형과 같이 늘 일에서 몇 발자국 뒤로 빠져 있는 유형이지만, '내가 그걸 왜' 형과 다른 점은 자신만의 기준으로 맡겨진 일이 가벼워 보이거나, 자신보다 낮은 직급의 후배들이 할 듯한 일이라는 생각이 들면 그 일을 거부한다는 것이다. '내가 차장, 부장인데, 어떻게 그런 일을 해? 그런 일은 사원, 대리들이나 하는 거지.'라는 태도를 취하곤 한다. 그런데 '어떻게 나한테' 형의 꼰대들 중에는 자신들이 생각하는 하찮은 일조차도 해내지 못하는 역량 없는 사람들이 많다는 것이 그들의 주장과는 다른 아이러니한 현실이다. 당신이 '어떻게 나한테' 형의 꼰대라면, 일의 경중(輕重)을 따지기보다 일의 목적을 달성하기 위한 자신의 역할과 조직의 가치 실현을 위해, "제가 어떻게 도와 드릴까요?"라는 배려의 선배가 될 것을 권한다.

다음의 표는 '꼰대 6하원칙'을 후배들을 위한 선배의 '배려 6하원칙'으로 바꾸어 주는 말투를 요약한 표다. 이제부터 표를 활용해 말투부터 바꿔보자.

5W 1H	꼰대 6하원칙	배려 6하원칙
Who	내가 누군 줄 알아?	저는 이런 사람입니다
Wha	네가 뭘 안다고	제 생각에는
Where	네가 어디서 감히	당신의 생각을 알려 주시겠어요?
When	내가 왕년에	제 경험으로는
Why	내가 그걸 왜	제가 해 보겠습니다
How	어떻게 나한테	제가 어떻게 도와드릴까요?

[꼰대 6하원칙과 배려 6하원칙]

말투를 바꾸는 연습과 함께 다음에 소개하는 '미국 창의리더십 센터'에서 말하는 '꼰대가 되지 않는 법'을 통해 행동의 변화도 연습해 보자.

① 작은 것부터 시작하라.

② '고맙다, 수고했다'고 자주 말하라.

③ 오만하지 마라.

④ 칭찬에 인색하지 마라.

⑤ 능동적으로 듣고 공감을 표시하라.

⑥ 강요, 협박 등 강압적 태도를 자제하라.

⑦ 매사 솔선수범하라.

⑧ 젊은 세대의 문화에 민감하라.

⑨ 자기 계발에 힘쓰라.

⑩ 진짜 꼰대가 되라: '자신의 소신과 철학이 저절로 다른 사람에게 귀감을 주는 사람'

세상은 넓고 꼰대는 많다. 주변에 꼰대가 보이지 않는다면 당신이 대표 꼰대일 수도 있다. 어차피 나이 들고 경험 많은 선생님 이미지로 꼰대처럼 보인다면, '겸손하게 배려하며 소통하기 위해 노력'하는 정말 멋진 꼰대가 되어 보자.

배려의 달인 되기 Tips

- 자신의 경험을 후배들에게 친절하게 설명하고 공유하기
- 현실을 반영한 자신의 생각을 자세히 설명하기
- 일의 목적 달성을 위한 다양한 의견 수렴하기
- 현실을 인정하고 일의 목적과 미래 지향적인 자세 갖기
- 작은 일이라 생각되더라도 솔선수범하기

나에게 질문하기

- 내가 꼰대라고 느꼈던 순간은 언제인가?
- 꼰대 6하원칙 중, 내가 가장 자주 사용하는 말투는?
- '꼰대가 되지 않는 법 10가지' 중, 내가 가장 신경 써야 하는 항목은?

소통의 시작, 상대방 이해하기

비즈니스 코칭 공부를 위해 참석한 교육과정에서 친한 코치 한 분이 '멍부, 똑부, 멍게, 똑게'라는 단어와 의미를 소개해 주었는데, 회사에서 상사와 부하의 관계를 약어로 표현했고, 인터넷에 회자되고 있는 단어로 의미는 이렇다.

- 멍부: 멍청하고 부지런함
- 똑부: 똑똑하고 부지런함
- 멍게: 멍청하고 게으름
- 똑게: 똑똑하고 게으름

단어들의 의미를 풀어 설명하지 않아도 충분히 현실적이어서 정말 공감되는 내용이었다. 이 네 개의 단어로 회사 내 관계를 풀이한, '상사와 부하의 관계도'는 다음과 같다.

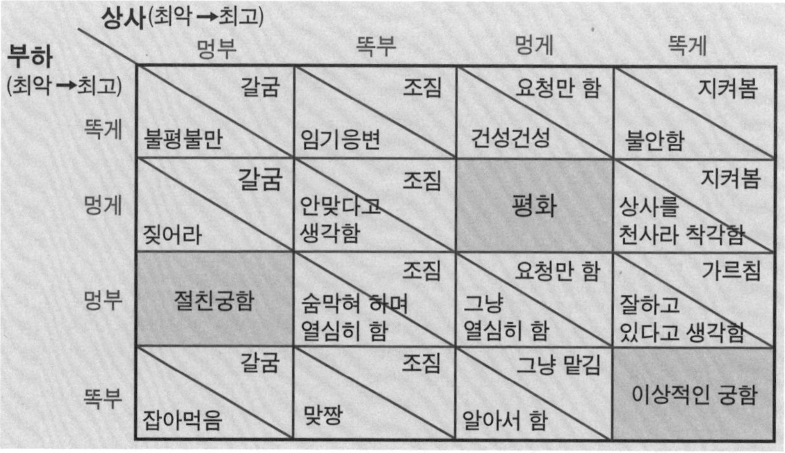

[직장 내 상사와 부하의 관계도(출처: 인터넷)]

이렇게 정리해서 보니, '아하~ 그렇지'라는 이해를 넘어 기가 막히지 않는가? 그런데 관계도를 보면서 '나는 어떤 직원이지?'라는 생각이 들었다. '나는 우리 팀원들에게 어떤 상사이며, 임원에게는 어떤 부하 팀장일까?' 누구나 회사에서 '리더'이며 '팔로워'이기 때문에, 상사와 부하의 입장을 함께 생각하게 되었다. 그렇다면 나는 어떤 유형일까? 음~~ 나는 상사와 부하 위치 모두에서, '똑부'였다. 똑부를 현실적으로 생각해 보면, 은근히 잘난 척하고 바른 소리도 잘하는 살짝 재수 없는 스타일이기도 하다. 물론, 맡은 바 업무는 누구보다 완벽하게 처리하는 유형이긴 하지만 말이다.

그런데 상사와 부하가 같은 '똑부'라면 어떤 관계가 만들어질까? 관계도에 따르면, 부하는 상사에게 맞짱 뜨려고 하고, 상사는 부하를 조짐으로써 불편한 관계가 되어 버린다. 서로 잘났다고 자기 주장에만 힘을 쓰기 때문이다.

또한, 상사에게는 내 의견을 굽히지 않고 얘기하며, 부하 직원에게는 검사가 피의자를 심문하듯 날카롭고 권위적으로 찍어 누르기도 한다.

이번에는 관계도에 음영으로 표시된 부분을 살펴보자.

절친 궁합

상사와 부하 모두 '멍부': 부지런히 일을 하긴 하지만, 성과는 시원치 않다. 하지만, 파이팅 넘치는 팀이다.

평화

상사와 부하 모두 '멍게': 누구도 일에 열정이 없어서 그저 좋은 게 좋은 거라는 분위기로 제대로 일이 추진되기 힘들다.

이상적인 궁합

상사 '똑게', 부하 '똑부': 부하에게 기회를 주고 성공 체험을 경험하게 해주는 관계다.

'이상적인 궁합'에서 '똑게 상사'가 정말 일을 하지 않는 게으른 상사는 아니다. 부하를 존중하고 배려하는 소통형 리더의 모습이라 할 수 있다.

아마도 똑게 상사는 부지런히 부하를 어떻게 코칭하고 소통해야 하는지를 고민하고 있을 것이다. 이런 소통형 똑게 상사는 문제 상황에서도 소통을 중요하게 생각하고 문제해결의 힘으로 활용한다.

문제를 인지하며 혼자 결정해서 부하 직원에게 던지기 전에 문제의 본질이 무엇인지 생각한다. 문제의 본질에 따라 조직 내 기능부서의 역할과 연결하여 문제 해결 방향을 구상하고, 관련 부서와 부하 직원들과 함께 문제해결을 위해 협의한다.

이렇게 소통형 똑게 상사는 혼자 문제를 해결하기보다 겸손한 마음가짐과 배려하는 자세를 기반으로 소통하며 함께 문제를 해결하기 위해 노력한다. 그리고 소통형 똑게 상사는 게으름과 똑똑함을 어떻게 활용할 것인지도 현명하게 선택한다. 즉, 똑똑하게 게으른 상사가 되는 길을 선택한다. 똑똑하지만 게으른 상사는 조직의 성과 달성과 개인과 조직의 성장 측면의 목적 달성을 위해서도 소통하기 위해 노력한다.

똑게 상사와 이상적인 궁합을 보이는 똑부 부하 직원은 상사와 조직에서 필요한 전략과 문제점을 파악하고 문제해결을 준비하기 위해 부지런히 움직인다면, 조직과 개인의 목적 달성 측면에서 탁월한 성과를 이루게 될 것이다. 하지만, 자기 생각이나 의견을 주장하는 일에만 부지런하다면, 소통에 장애가 발생하게 되어 성과나 관계 유지에도 어려움을 겪게 될 것이다.

그런데 어떻게 하면 조직과 개인이 함께 성장하고 이상적인 조직을 만들 수 있을까? 그 답은 누구나 본인의 유형에 빠져 소통 없이 관계를 유지하기보다, 상대방의 일하는 스타일이나 성격을 고려하여 먼저 배려하는 자세로 회사 생활을 하는 것이다. 물론, 회사에서는 혼자 해야 하는 일도 있다. 하지만, 그 일마저도 조직의 성과라는 큰 퍼즐 판의 일부임을 생각하고 개인과 조직의 성장을 위한 배려의 태도를 실천해 보자.

관계 속에서 성장하기 Tips

⇨ 누군가와 함께 일을 하는 상황이라면, 상대방의 일하는 방식과 성격을 고려하여 먼저 배려하기

나에게 질문하기

⇨ 나는 상사와 부하의 관계도에서 어떤 타입인가?

⇨ 나와 조직의 목적 달성을 위해 내가 보완해야 할 태도는 무엇인가?

♣ 나와 타인의 의사소통 유형을 이해하고 소통의 달인되기

미국의 심리치료전문가이며 동참적 가족치료의 창시자인, 버지니아 새티어의 의사소통 유형을 통해 나의 의사소통 유형을 알아보고, 타인과의 원활한 소통 방법을 익혀 소통의 달인이 되어 보자.

의사 소통 유형별 특성과 관계 유지 Tips

A형 - 회유형 / 눈치형

⇨ **특성:** 항상 상대방과 타협하고 일치됨을 나타내야 한다고 생각한다. 그래서 사람마다 서로 다른 감정과 생각을 가질 수 있다는 것을 인

정하기가 쉽지 않다. 서로 다른 감정과 생각을 나타내는 데 불안을 느껴 상대방의 의견이나 행동에 쉽게 따라간다. 따라서 자신이 원하는 것보다는 상대방이 원하는 것에 더 민감하다. 자신에 대한 비판이나 질책에도 크게 분노하지 않으며 오히려 자기 책임으로 돌린다. 자신의 욕구나 감정을 잘 표현할 줄 모르고 상대방에게 자신이 원하는 것을 요구하기보다는 상대방이 원하는 것에 더 민감하게 반응한다. 문제 해결에 있어서도 자신의 감정을 깊이 억압함으로써 더 편안하게 느낀다.

➩ **관계 유지 Tip:** 회유형(눈치형)은 상대방과 타협과 일치를 하지 않아도 된다는 다름을 인정하는 태도를 보이기 위해 노력해 보자. 다름을 인정하기 힘들 수도 있다. 그런 상황에서는 하던 일이나 생각을 잠시 멈추고 산책이나 명상을 통해 일시 멈춤으로 내면을 환기하는 것도 좋은 방법이다. 상대방의 요구를 무조건 수용하기보다는 나의 욕구와 감정, 생각을 정리한 후에 상대방에게 전달해야 한다. 직접 대면해서 말하기 힘들다면, 글로 풀어 전달하는 것도 원활한 관계를 위한 방법이다.

B형 – 비난형 / 탓하기

➩ **특성:** 대체적으로 완고하고 지배적이다. 이들은 문제 상황에 접했을 때 상대방이 자신과 다른 생각을 하고 있다는 것에 대해 인정하기보다는 화를 내고 분노하게 된다. 따라서 상대방의 의견을 듣고 수용하기보다 그들의 생각은 틀리고 자기 생각이 옳다고 결정 내린다. 또한, 이들은 혼자 있을 때만 우는데 이는 자기 자신이 연약하다는 사실을 인정하지 않기 때문이다. 이들이 다른 사람을 비난하거나 환경을 탓하는 것은 자신을 보호하기 위함이다.

⇨ **관계 유지 Tip:** 비난형(탓하기)은 다른 사람의 의견을 듣는 연습이 필요하다. 다른 사람을 비난하거나 환경을 탓하는 것이 자신의 책임을 회피함은 물론, 기회를 상실할 수도 있음을 알아야 한다. 일이 잘 풀리지 않을 때, 다른 사람이나 환경을 탓하기보다 근본적인 원인을 찾는 노력을 하고 문제 해결을 위해 내가 할 수 있는 일부터 찾아보고 실행하는 것이 우선이다. 일이 잘 풀리지 않거나 상대방이 내 마음과 같지 않을 때는 그러한 부분을 구체적으로 얘기하고 나의 감정을 선하게 표현하는 연습도 필요하다. 이 유형의 사람들은 지금 당장 남의 얘기를 들으라고 하면 상당히 힘들어할 수 있다. 짧은 시간이라도 상대방의 말을 귀 기울여 듣는 연습부터 시작해 보자. 가까운 사람을 상대로 듣기 연습을 시작하는 것이 수월하다.

C형 – 계산형 / 지각

⇨ **특성:** 대부분의 일에 분석적이며 주로 비판하고 따지는 스타일이다. 다른 사람보다는 자신의 감정 표현이나 상황만이 중요하다. 문제 상황에 접했을 때는 기능적이고 합리적인 것을 중요시하고 자기 일에 신경을 많이 써 타인을 잘 신뢰하지 못하고 철두철미하다. 상대방을 논리적으로 비판하길 좋아하며 자기주장을 강하게 내세운다. 강박적인 성향이 강하고 타인의 실수나 잘못된 것을 허용하지 않는다. 이들은 의사 표현 상황에서는 냉정하며 차갑다. 하지만 내면적으로는 따뜻하고 자상한 감정을 매우 그리워한다. 내적으로는 약하고 쉽게 상처받지만, 외부로는 절대로 표현하지 않는다.

⇨ **관계 유지 Tip:** 계산형(지각)은 여리고 선한 내면을 상대방에게 표현해야 한다. 항상 완벽할 수 없다는 점을 인정하고 자신과 타인의 실

수를 관대하게 받아들이고 인정하는 태도가 필요하다. 다른 사람과 함께 일을 할 때, 함께 일하는 사람들을 믿지 못해 본인이 과도하게 일을 맡아 하는 경우가 대부분이다. 과도한 일은 번아웃이 되는 원인이 되기 때문에, 업무 초기에 R & R(Role & Responsibility)을 명확히 설정하는 것이 중요하다. 이렇게 하면 다른 사람들을 믿지 못하고 과도하게 일을 하게 되는 계산형의 문제를 예방할 수 있다. 또한, 계산형은 나의 감정을 표현하지 않기 때문에 다른 사람의 감정보다는 논리적이고 비판적인 태도를 보이는데, 나의 감정을 표현하기 시작하면 다른 사람의 감정과 상태도 살피게 되어 건조한 관계가 따듯한 관계가 될 수 있다.

[D형 – 산만형]

➩ **특성:** 위협을 무시하고, 마치 위협이 존재하지 않는 것처럼 행동하므로 주위를 혼란하게 한다. 이 유형의 사람들은 행동과 말을 다른 사람의 행동이나 말과 상관없이 하곤 한다. 아무 곳에도 초점이 없으므로 말의 의미나 내용도 없이 혼자 바쁘고 산만하다.
어떤 갈등과 문제가 발생한 상황에서도 마치 아무 문제가 없는 것처럼 장난을 걸고 가볍게 행동을 하며 공연히 바쁜 듯이 다른 일에 몰두한다. 그리고 초점이 없는 말을 하고 위선적이며 문제해결 능력이 없다.

➩ **관계 유지 Tip:** 산만형은 다른 사람들로부터 비난과 따돌림을 받기 쉽다. 위협이나 불편한 상황을 회피하기 위해 상관없는 말이나 과도한 행동을 하기도 한다. 이러한 태도는 다른 사람들에게 피해를 주기도 하고, 본인의 존재 가치도 증명되지 못해 사회생활에 어려움을 겪

게 된다. 다른 사람들에게 피해를 주지 않고 사회생활을 원활하게 하기 위해서는, 본인의 존재 이유와 일의 목적을 생각하고 행동하는 것이 도움이 된다. 조직 내에서 본인의 역할을 깊이 있게 생각해 보고, 다른 사람과 함께 일을 할 때는 일의 목적과 결과물에 대해 생각하고 본인의 생각을 회의를 통해 나누어야 한다. 내 생각을 정리하고 얘기하며, 다른 사람의 생각도 경청하는 연습이 관계를 원활하게 유지하는 데 도움이 된다.

[E형 – 일치형]

⇨ 자신의 말과 행동 태도가 일치한다. 문제 상황에서 자신의 문제를 현실적으로 파악하고 해결방안을 모색한다. 자기존중감이 높고 자신만이 아니라 상대방의 개별성을 존중하며, 자신과 상대방을 신뢰한다. 상대방과의 관계가 편안하며 자연스럽다. 상대방의 인격을 비난하지 않고 그 행위에 관하여 이야기한다. 갈등을 자신의 성장 기회로 여기며 나와 남의 차이를 인정한다. 감정 표현이 솔직하여 메시지가 이중적이지 않고 직접적이며 자신의 행위에 대해 책임진다.

A형(회유형/눈치형), B형(비난형/탓하기), C형(계산형/지각), D형(산만형) 모두 태도와 행동의 변화를 통해 E형(일치형)의 특성을 갖추기 위해 노력한다면 당신도 소통의 달인이 될 수 있다.

회복탄력성 높이기

건강한 몸을 가진 자 아니고는 조국에 충실한 자가 되기 어렵다.
좋은 아버지, 좋은 아들, 좋은 형제, 좋은 이웃이 되기 어렵기 때문이다.

[J.H. 페스탈로치]

몸과 마음의 사소한 소리에도 귀 기울이기

경청(傾聽)의 사전적 의미는 "귀를 기울여 들음"이라는 뜻과 "상대의 말을 듣기만 하는 것이 아니라, 상대방이 전달하고자 하는 말의 내용은 물론이며, 그 내면에 깔린 동기(動機)나 정서에 귀를 기울여 듣고 이해된 바를 상대방에게 피드백(feedback)하여 주는 것"이다. 이러한 경청은 효과적인 커뮤니케이션의 중요한 기법으로 경청(傾聽)의 한자를 풀어보면, "상대방의 말을 들을 때 몸과 마음을 기울여 귀로 듣고, 눈으로 보고, 마음으로 공감하는 것"이라는 의미도 담고 있다. 이러한 경청의 정의와 의미를 한 마디로, '경청은 귀를 기울여 사람의 마음과 소통하는 것'으로 정의할 수 있다.

그런데 경청을 다른 사람과의 관계에서 소통을 잘 하려는 방법으로만 생각하는 경향이 있는데, 진짜 내가 무엇을 원하고 있는지, 무엇을 힘들어하는지, 나를 이해하고 자신의 내면의 소리를 경청하는 것이 모든 소통의 기본이라고 말하고 싶다. 타인과의 원활한 소통을 위해 경청이 중요하듯, 나와의 소통도 자신의 소리를 얼마나 잘 경청하는지가 우선이다.

그렇다면 자신의 어떤 소리에 집중하고 경청하기 위해 노력해야 할까? 바로 몸과 마음의 소리다. 우리의 몸과 마음은 늘 자신과 소통하기 위해 여러 가지 소리를 내고 있는데, 몸과 마음의 건강이 나빠져서 보내는 신호들이 그것이다. 몸이 아프면 열이 나거나 소화가 되지 않거나 두통이 오기도 하고 심할 때는 큰 질병으로 소리를 내기도 한다. 마음이 아프다면, 우울증과 같은 질병으로 소리를 낸다.

J.J. 루소도 몸과 마음의 소리를 우리 내부의 두 가지 소리로 구분하여 다음과 같이 얘기했다. "우리의 내부에는 늘 두 가지의 소리가 있다. 하나는 마음에서 나오는 소리, 다른 하나는 육체에서 나오는 소리이다. 육체의 소리는 쾌락을 찾고, 마음의 소리는 의무를 찾는다. 육체의 소리는 물질을 탐하고, 마음의 소리는 맑고 깨끗한 것을 원한다. 육체의 소리는 거칠고 빡빡하지만, 마음의 소리는 부드럽고 연하다." 루소는 몸과 마음의 소리를 다소 극단적으로 구분했지만, 자신의 몸과 마음의 소리에 귀를 기울이는 경청의 중요함을 얘기한 것은 분명하다. 조선 정조 때의 실학자 연암 박지원은 『열하일기』에서, 세상에서 들리는 소리도 내면의 뜻에 따라 다르게 들린다고 하였다. 즉, 내면의 소리가 외부의 소리에 투영된다는 의미다. 그가 『열하일기』에서 언급한 내용은 다음과 같다. "내가 일찍이 문을 닫고 누워서 소리 종류를 비교해 보니, 깊은 소나무가 퉁소 소리를 내는 것은 듣는 이가 청아한 탓이요, 산이 찢어지고 언덕이 무너지는 듯한 것은 듣는 이가 분노한 탓이요, 뭇 개구리가 다투어 우는 것은 듣는 이가 교만한 탓이요, 대피리가 수없이 우는 것은 듣는 이가 노한 탓이요, 천둥과 우레가 급한 것은 듣는 이가 놀란 탓이요, 찻물이 끓는 듯이 문무(文武)가 겸한 것은 듣는 이가 취미로운 탓이요, 종이창에 바람이 우는 것은 듣는 이가 의심 나는 탓이니, 모두 바르게

듣지 못하고 특히 흉중에 품은 뜻을 가지고 귀에 들리는 대로 소리를 만든 것이다."라고 언급했다.

이어령 교수는 그의 저서 『하나의 나뭇잎이 흔들릴 때』에서, "소리는 생명의 증거이다. 무기물이라 하더라도 그것이 소리를 내고 부서질 때는 살아 있는 생물처럼 보인다. 현실에서 소리를 빼내면 그것은 유리 상자에 갇혀 버린 미이라가 되어 버린다."라고 했다. 무기물도 부서질 때는 소리를 내어 생물처럼 보이게 되는데, 우리의 몸과 마음이 내는 소리를 듣지 않는다면, 우리는 유리 상자에 갇힌 미이라가 되고 말 것이다.

우리의 몸과 마음이 어떤 소리를 내고 있는지 오롯이 집중해서 들어 보자. 먼저 안부를 묻는 말부터 시작해 보는 것은 어떨까?

"지금 나의 몸과 마음은 어떤 소리를 내고 있는가?"

몸과 마음의 소리에 경청하며 회복탄력성 높이기 Tips

- 몸과 마음이 보내는 사소한 소리도 관심을 갖고 경청하기
- 하루에 한 번 이상 "지금 나의 몸과 마음은 어떤 소리를 내고 있는가?" 질문하기

나에게 질문하기

- 지금 나의 몸과 마음은 나에게 어떤 이야기를 하고 있는가?
- 내가 그동안 듣지 못했던 몸과 마음의 소리를 듣기 위해 어떤 습관이 필요한가?

인정받기 위해 아등바등 애쓰지 않기

2018년 4월 27일 남북정상회담 만찬에서 문재인 대통령은 "길동무가 좋으면 먼 길도 가깝다."라는 북한 속담을 언급하며 남북 관계의 친밀한 동행을 강조하셨다. '나는 나와 함께 일하는 사람들과 어떤 관계인지, 나는 그들에게 어떤 리더이며, 부하 직원인지, 그리고 주변 사람들은 내게 어떤 존재인지'를 생각하고 있던 나에게 이 말씀은 마음 깊이 울림을 주었다. 이런 질문들에 답을 생각해 보니, 다른 사람들에게 항상 좋은 사람으로 인식되기를 바라며, 늘 주변 사람들의 상태와 상황을 의식하며 행동하고 있는 나를 만날 수 있었다. '나의 상황보다는 항상 다른 사람들에게 좋은 사람이고 싶어 하는 것이 무리이며, 오히려 관계를 그르칠 수 있다는 것'을 알면서도 나와의 소통을 멀리하고 있었기 때문에 그런 태도로 살고 있었다. 특히, 에고(ego)가 강하게 생겼거나, 트라우마와 부정적인 경험을 겪었던 유사한 상황이 발생할 때 더욱 그러했다. 아마도 여러 상황 중에서 어린 시절부터 겪어 왔던 가족의 건강 문제가 나보다는 타인을 더 생각하게 했고, 가족들에게 말 잘 듣는 착한 아이여야 한다고 마음먹게 된 것 같다. 심지어, 어른이 되어서도 건강이 최악인 상황에서 다른 사람들에게 좋은 사람이 되어야 한다는 무의식적 강박으로 다른 사람들을 위해 무엇을 해야 하는 건 아닌가 하는 생각과 행동을 하고 살아왔다. 아무리 완벽하게 좋은 사람으로 살기 위해 노력을 한다 해도, 상대방에게는 완벽할 수 없는데 말이다.

회사에서는 중간 관리자이며 한 가정의 가장이 일상에서 삶을 돌아볼 여유를 만들기란 쉽지 않은 것도 이 시대 수많은 직장인의 현실일 것이다. 그런데 어느 날 혼자 운전을 하다 신호대기 중에 문득 이런 생각이 들었다. 완벽할 수 없는 것이 인간이고, 완벽하게 사는 것이 불가능하다는 것을 알면서도 그렇게 살기 위해 애쓰는 동안, '나는 얼마나 존중과 사랑을 받고 있었나? 내 안에도 상처받고 힘들어하는 많은 내가 있는데, 나는 나에게 인정과 사랑의 표현을 하지 않고 살아왔구나.'

이런 생각들은 슬픔과 연민을 가슴 깊은 곳으로부터 끌어 올렸고, 신호 대기 중 운전대를 잡은 상태에서 갑자기 울음을 터트리게 만들었다. 짧은 순간이지만 그동안 가슴속에 갇혀 있던 인정을 받지 못한 자아의 외침이었다.

사람은 '관계' 속에서 '삶'을 살아간다. '삶'이라는 단어에서 '사람'이 보이는 것도 '관계'라는 매개체가 있기 때문이다. 관계는 삶을 함께 살아가는 주변 동무들과 사이에서 무엇보다 중요하기 때문에 두말할 필요도 없는 불변의 진리라 할 수 있다.

그런데 '나를 존중하고 사랑하지 않는 자아 관계 상태'에서 타인과의 관계만을 원만하게 유지하기 위해 애를 쓰면 쓸수록 지치고 급기야 소진되어 결국에는 내적 자아의 번아웃에 빠지게 된다.

그렇다면 내적 번아웃 예방을 위해 무엇보다 우선해서 실천해야 하는 삶의 태도는 무엇일까? 그 답은 주변 사람들에게 완벽하게 좋은 사람으로 인식되기 위해 노력하기에 앞서, 소진되고 지쳐버린 자아에게 '내가 좋은 길동무가 되어 주겠다'는 마음을 전하는 것이다. 『탈무드』에서는 살아 있으면서도 살고 있는 것 같지 않은 세 가지 인생을 다음과 같이 나누었다. "첫 번째는 남의 동정으로 살아가고 있는 인간, 두 번째는 아내에게 지배되어 살아가고 있는 인간, 세 번째는 항상 몸에 고통을 느끼며 살아가고 있는 인간"으로 나누었는데, 이는 나를 존중하고 사랑하지 않은 결과가 만들어 낸 삶의 결과라고 할 수 있다. 나를 존중하고 사랑하지 않고, 주변인들에게 무조건 좋은 사람으로 인정받기 위해 애쓰는 내 모습이 보일 때면, "나는 지금 나(자아)를 존중하고 사랑하고 있나?"라는 질문으로 자아와 소통을 시도해 보자. 다른 사람이 아닌 스스로를 존중하고 사랑하는 나를 만나게 될 것이다.

나를 존중하며 사랑하는 회복탄력성 높이기 Tips

- 타인과의 관계를 신경 쓰기 전에 나 자신부터 존중하고 사랑하기
- 주변 사람들에게 완벽한 사람으로 인정받기 위해 아등바등 애쓰지 않기

나에게 질문하기

- 내 자아는 안전한가?
- 나는 나를 존중하고 사랑하고 있는가?
- 지금 내가 진심으로 원하는 것은 무엇인가?

위험한 감정의 늪에서 빠져나오기

감정은 '진성(眞成, 거짓이 없이 참으로) 감정'과 '대체 감정'으로 나눌 수 있다. '대체 감정'은 화나 분노가 일어나게 되는 근본 감정을 들여다보기보다 빠른 표현 방식으로 표출되는 감정의 형태를 말하는데, 이러한 분노를 표출하는 형태도 진성과 대체로 나누어 볼 수 있다.

'분노'는 분개하여 성이 뿜어져 나오는 기분으로, '소리를 크게 지르거나 욕을 하며, 과도한 몸동작으로 위압감을 주기도 하고, 때로는 물건을

집어 던지는 등의 표현 방식'인데 대체 감정을 사용한다고 할 수 있다.

관계 속에서 분노라는 감정(기분)을 대체감정으로 표현한다면, 분노가 발생한 근본적인 원인을 찾아 문제해결을 하기보다는 나의 분노가 관계의 악화로 발전될 뿐이다. 분노를 표출하게 되는 원인에는 두려움이 있는데, 이 경우 분노는 두려움을 은폐한다. 그리고 공포나 불확실성 같은 감정보다는 분노를 표출하는 게 쉽기 때문에 두려운 감정을 분노로 표출하는 것이다. 분노는 다른 모든 감정들을 덮어 버리는 특징이 있는데, 슬픔이나 무력감을 느끼는 우울한 사람도 분노로 자신의 감정을 표현할 정도로 분노는 위력적인 감정이다. 화가 나면 싸우려 하는 것도 이러한 분노의 위력 때문이며, 자신이 무엇 때문에 두렵고 우울한지 자신이 느끼는 솔직한 감정을 전달하지 않는 것은 자기자신과 타인과의 관계에 악영향을 미치는 위험한 상황을 초래하게 된다.

Anger(분노) + Do(대체 감정_실행) = Danger(위험)

그렇다면, 내 감정을 제대로 인식하고 분노를 표출하지 않기 위해서는 어떻게 해야 할까? 분노를 조절하고 목적을 달성하기 위한 행동방식을 정리한, '소통기어'가 그 답이다. 소통기어는 자동차의 기어 변속원리에서 아이디어를 얻어, 나의 감정을 들여다보고 현명하게 대처할 수 있는 자기조절 장치라는 의미를 담고 있다. 소통기어는 '6단 기어'로 구성되어 있으며, 상황에 따라 기어의 위치를 바꿔가며 활용할 수 있다.

'1단'부터 '6단'까지의 소통기어는 다음과 같다.

- '일단 멈춤'으로 내 감정을 살펴보는, '1단(一段) 기어'

- 분노를 느꼈던 원인을 생각해 보는, '2단(二段) 기어'
- 분노의 늪에서 빠져나올 방법을 찾는, '3단(三段) 기어'
- 늪 탈출을 위해 주변에 도움을 요청하는, '4단(四段) 기어'
- 늪을 빠져나왔다면, 원인이 된 상황에 재 도전하는, '5단(五段) 기어'
- 5단까지 과정을 정리하는 단계인, '육단(六段) 기어'는 주행에 탄력을 받은 안정적인 단계로 늪을 벗어날 수 있었던, 나의 강점과 주변의 도움을 돌아보고 분노의 늪에 다시 빠지지 않도록 '나를 정리하는 단계'다.

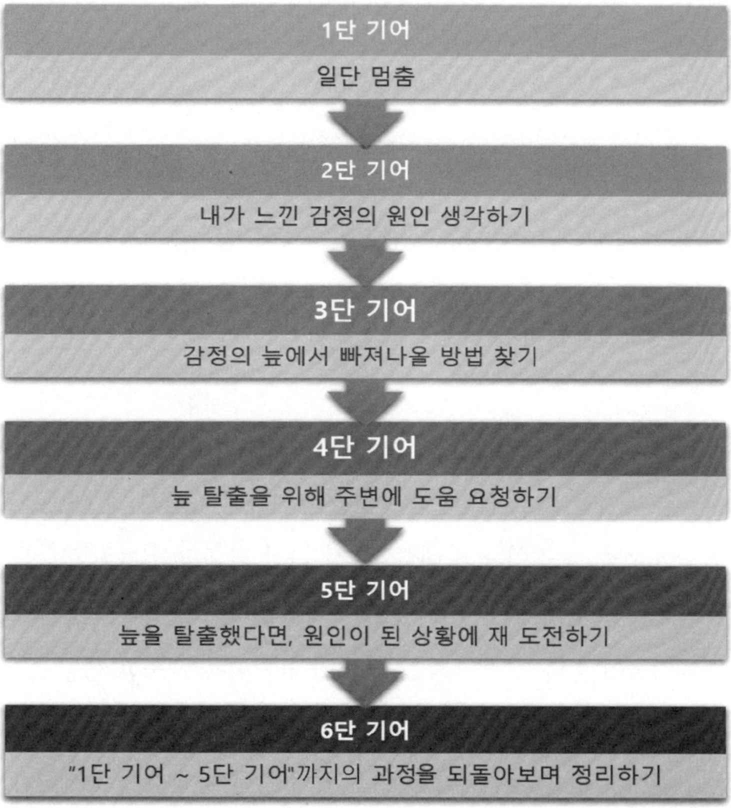

[감정과 소통하는 자기조절 장치: 소통 기어]

위험한 감정의 늪에서 빠져 나오기 Tips

- 나의 감정과 소통하기, "소통 기어"가 작동할 수 있도록, 소통 기억 숙지 및 작은 분노 등의 감정에 적용하여 평소에 연습하기
- 주변에 감정의 늪에 빠져 힘들어 하는 사람이 있다면, 역지사지로 소통 기어를 적용해 연습하기

나에게 질문하기

- 살면서 주변 사람이 크게 놀랄 정도로 화를 냈던 경험은?
- 주변에 화를 잘 내는 사람은 누구인가?
- 화가 날 때 내가 하는 행동은 어떠한가?
- 인생의 힘든 시기를 다 이겨내고 현자가 된 100세의 내가 감정의 늪에 빠져 힘들어하는 현재의 나에게 한마디 한다면?

나와 소통하고 공감하기

사회생활을 20년 넘게 하다 보니, 장례식장에 가끔 가게 된다. 장례식은 고인의 죽음을 애도하고 고인의 삶을 추억하며 마음과 의식으로 고인과 작별을 하는 과정이다. 장례식장에서 가장 슬프고 힘겨운 사람은 고인의 가족들일 텐데, 가끔 가족들보다 더 오열하며 고인의 죽음을 애도하는 지인들이 있다. 슬픔과 괴로움을 견디다 못해, 과도한 행동으로 유가족들까지 나서서 그 사람의 슬픔을 달래야 하는 상황이 되기도 한다. 이 상황에서 유가족들의 마음은 어떨까? 유가족과 슬픔을 함께하기 위해 장례식장을 찾아 준 행동은 분명 고마운 일이지만, 유가족보다 더한

슬픔의 표현은 오히려 유가족들을 힘들게 만드는 상황이 되고 만다.

이렇게 조문객의 과도한 슬픔이 유가족을 힘들게 하는 이유는, 유가족보다 더 힘들어하는 조문객이 유가족의 슬픈 감정으로 완전히 들어가 버렸기 때문에, 조문객 본인의 마음에 유가족의 슬픔과 상황을 공감할 만큼의 공간이 남아 있지 않기 때문이다. 즉, 마음의 공간을 유지하지 못하면 감정에서 빠져나올 수 없게 되어 오히려 주변 사람들을 힘들게 만드는 것이다. 유가족의 슬픔과 상황을 이해하고 적당한 거리에서 함께 슬퍼하며 위로와 고인의 삶을 돌아보기 위해서는 '공감'이 필요하다. 공감은 상대방과 감정의 거리가 유지되었을 때 가능하다. 누군가 괴롭고 힘든 상황에 있을 때, 그 상황을 위로하며 함께 하기 위해 공감이 필요한 이유이기도 하다.

개인심리학의 창시자인 알프레드 아들러는 '인간관계의 선순환 사이클'을 제시하며, 인간관계에서 공감(함께 기뻐하고 슬퍼하며, 어떤 상황에서의 감정적 교감을 함께하는 것)을 반드시 잊어서는 안 된다고 언급했다. "인간관계의 바탕에는 '존경'과 '신뢰'가 있다. 상대방을 존경하고, 신뢰함으로써 더 나은 미래를 위해 행동한다. 그리고 상대방에게 '공감'하는 것을 잊어서는 안 된다." 공감은 상대방의 눈으로 보고, 상대방의 귀로 듣고, 상대방의 마음으로 느끼는 것이다. 또한, 타인과의 관계를 중요하게 여기는 것은 사회인으로서 너무도 당연하고 필요한 태도다.

그런데 우리는 타인과의 관계는 중요하게 생각하고 그 관계를 잘 유지하기 위해 무던히 노력하면서도 나와의 관계는 멀리하고 있다. 나를 위한 시간보다 타인과의 관계를 위해 내 삶을 사용하고 있기 때문이다.

그렇다면 나와의 관계는 어떻게 유지해야 하는가? 알프레드 아들러가 말한 '타인에 대한 공감'을 '나에 대한 공감'으로 바꾸어 보면, 그 답을 찾을 수 있다.

"나와의 공감은 내 안의 여러 자아를 눈으로 보며 인정하고, 그 자아의 소리를 귀로 듣고, 내 삶의 역사와 실체인 자아를 마음으로 느끼는 것이다."

또한, 아들러는 "자신을 바꾸는 것이 인간관계를 바꾸는 것"이라고도 했다. 자신을 바꾸기 위해서는 자아와 소통하고 공감하는 것이 우선임을 강조했다.

철학자인 A. 쇼펜하우어는 자기 자신과의 공감이 세상 어떤 관계보다 완전하다고 보고, 다음과 같이 얘기했다. "모든 사람이 가장 완전하게 공명하는 것은 자기 자신과 더불어서이다. 그의 친구와도 아니며 애인과도 아니다. 즉, 개성과 기분의 여러 가지 차이는 극히 사소한 것일지라도 항상 불협화음(不協和音)을 내는 것이기 때문이다."

독일의 소설가 토마스 만은 그의 저서 『젊은 요셉』에서 공감이 타인의 감정을 살피며, 자기 보존을 위한 중요한 수단임을 얘기했다. "타인의 감정생활에 상상력을 움직여 그것을 살펴 아는 기술, 즉 공감이란 것은 자아의 한계를 타파한다는 의미로서 칭찬해야 할 것일 뿐만 아니라 자기 보존을 위해서도 빠뜨릴 수 없는 수단인 것이다."

여러 선인들의 말처럼 나와 소통하고 공감하는 삶이 곧 행복한 삶의 시작이다. 내 감정에 너무 깊이 빠져들어 허우적대지 말고, 힘들어하고 있는 나를 바라보며 인정해 주자.

몸이 아프다면 인정해 주고 휴식과 치료를 선물하자. 상사에게 깨져 기분이 가라앉다 못해 자괴감에 사로잡혀 있다면, 이 또한 인정하자. '그래, 깨질 수도 있지. 최선은 다했잖아. 그럼 된 거야.' 내가 나를 인정하고 보듬어 주지 않는데, 누가 나를 귀하게 대하겠는가? 내가 나와의 관계를 소중히 여기고 나를 귀하게 여기지 않는다면, 누군가 나를 귀하게 대해 주더라도 그 행동이 정말 나를 귀하게 대하는 것인지도 모르게 된다. 내가 나를 귀하게 하는 방법을 경험해 보지 못했기 때문이다.

타인과의 관계 때문에 힘들어하고 있다면, 먼저 자신과 소통하고 공감하는 노력부터 시작하자. 자신과의 소통과 공감은 타인과의 관계도 원활하게 유지할 수 있는 힘의 근원이다.

나를 인정하고 보듬는 회복탄력성 높이기 Tips

- 힘들어하는 나를 마주했다면, 그 상태의 나를 오롯이 바라보고 인정하기
- 힘들어하는 나를 위한 휴식과 치료 선물하기

나에게 질문하기

- 최근 나에게 일어났던 정신적, 신체적 변화가 있었는가?
- 그 변화는 내가 의도한 변화였는가? 그렇지 않다면 어디서 비롯되었는가?
- 그 변화가 내 삶에 어떤 영향을 주었는가?
- 내가 진정으로 원하는 변화는 무엇인가?
- 진정으로 원하는 변화를 위해 필요한 것은 무엇이며, 도움을 요청할 사람은 누구인가?

'역경을 이겨내는 긍정적인 힘' 키우기

스트레스를 적게 받건, 많이 받건 우리의 삶은 스트레스에서 자유로울 수 없다. 그렇다면 스트레스 상황에서 다시 제자리로 돌아올 수 힘을 주는 회복탄력성을 어떻게 높이는지 이번 장에서 살펴보도록 하자.

이번 장에서는 회복탄력성의 사회적인 역할보다는 개인 차원의 의미를 다루기 위해 몇몇 학자들의 주장을 추가로 소개하고자 한다.

회복탄력성(Resilience)은 '탄력, 탄성, 회복력, 복원력'과 더불어, '역경을 이겨내는 긍정적인 힘'이라는 사전적 의미가 있다. 최근 이 회복탄력성은 개인 차원의 역경을 이겨내는 힘을 넘어 회사는 재난재해와 경영상의 위기 상황에서 경영 활동을 지속할 수 있도록 대비하는 '지속가능성경영'이라 부르는 'BCM(Business Continuity Management)'에 이르기까지 우리 사회 전반에 필요한 내적·외적 역량으로 다루어지고 있다.

스위스의 심리상담가 '올리네 보르스트'는, "회복탄력성이란, 누군가와 바람직한 관계를 맺고 그들로부터 도움을 받는 능력이며, 바람직한 관계는 굴곡 없이 직면할 때 가능하다. 나와 상대를 바로 대할 때 가능해진다."라며, 회복탄력성이 관계속에서 소통의 기본이 되는 관계의 힘이라고 주장했다.

그리고 사회학자 '카레나 레페르트'는 "회복탄력성은 도전과 스트레스에 맞서 자신의 상태를 통제하고 조절하는 데 도움을 주는 역동적 능력이다."라고 했다.

이러한 회복탄력성을 구성하는 기본 요소를 스코틀랜드의 사회복지학 교수인 브리짓 대니얼은 다음의 세 가지 기본 요소로 정리했다.

"I have, I am, I can"

I have	나를 좋아하고 도와주는 사람들이 곁에 있다.
I am	나는 사랑받을 만한 사람이며 나 자신뿐 아니라 타인 또한 존중한다.
I can	나는 현재의 문제를 해결할 수 있는 능력이 있으며 나 자신을 조절할 수 있다.
I have	관계의 중요성을 말한다.(심리상담가 올리네 보르스트가)
I am	자존감의 두 축 중 자기 존중감을 의미한다.
I can	자존감의 두 축 중 자기 효능감을 의미한다.

결국 '자존감과 관계역량'이 회복탄력성의 중요한 부분으로 회복탄력성의 높고 낮음(회복탄력성 지수)을 결정한다고 할 수 있다.

자존감을 높이는 방법은 3장의 마지막 부분에 있는 '자존감 높이기 연습(pp.190~191)'를 통해 알 수 있고, 관계역량 강화 방법은 3장 중간 부분에서 소개한 '소통의 달인되기-나의 의사소통 유형별 특성(pp.167~171)'을 통해 향상할 수 있다. 또한, 이번 장 마지막 부분의 '회복탄력성이 높은 사람의 6가지 특성(p.183)'을 통해 회복탄력성 지수를 높일 수 있는 가이드를 소개하고 있으니, 참고하여 '원하는 삶을 살기 위한 회복탄력성 높이기 연습'을 꾸준히 해보자.

자존감과 관계 역량 향상으로 회복탄력성 높이기 Tips

⇨ 다음의 회복탄력성을 구성하는 세 가지 기본 요소 확인하고 실천하기

① I have : 나를 좋아하고 도와주는 사람들이 곁에 있다.

② I am : 나는 사랑받을 만한 사람이며 나 자신뿐 아니라 타인 또한 존중한다.

③ I can : 나는 현재의 문제를 해결할 수 있는 능력이 있으며 나 자신을 조절할 수 있다.

나에게 질문하기

- 나를 좋아하며 도와주는 사람은 누구인가?
- 나는 사랑받을 만한 사람이며, 자신과 다른 사람도 존중하는가?
- 나는 현재의 문제를 해결할 수 있는 능력이 있으며, 자신을 조절할 수 있다고 믿는가?
- '일 과식'으로 탈이 난 경험이 있다면, 탈이 난 원인은 무엇인가?
- '일 과식'을 조절할 수 있는 나만의 노하우는 무엇인가?

역경의 벽돌로 회복탄력성 높이기

언젠가 회사를 그만두고 싶다고 진지하게 아내에게 말을 건넨 적이 있었다. 외벌이를 하는 가장이 심각한 말을 던졌기 때문에 아내가 편치 않은 답을 할 것이라고 예상하면서도, 정말 이대로 회사를 다니다 가는 과로로 쓰러지든지 가정을 포기하게 될 것 같은 현실을 견뎌 낼 수 없어 아내에게 말을 했었다. 그런데 예상과는 달리 아내에게서 돌아온 말은 오히려 격려와 에너지가 되었다.

"쫄지 마, 우리 괜찮아. 그만둬."

예상하지 못한 아내의 대답은 힘들고 지쳐 있는 현실에 대한 진심을 다한 위로로 느껴졌다. 아내의 진심 어린 위로의 말은 힘든 현실을 살아 낼 수 있는 힘을 더해 주었고, 퇴사 대신 나와 우리 가족의 미래를 위한 준비를 회사에 있는 동안 좀 더 준비해야겠다는 생각을 할 수 있게 해 주었다.

그런데 많은 직장인이 왜 회사를 그만두고 싶어 하는 걸까? 내 의지와 상관없이 발생하는 일들로 인해 상사에게 질책받고, 더불어 낮은 평가까지 받아야 하는 등 외부의 압박을 견디기 힘들다고 판단하기 때문이다. 그렇다면 '회사에서 인정받고 성공하는 사람들은 도대체 어떻게 현실을 사는 걸까?'라는 의문이 들었다.

이 질문에 대한 답은 미국의 유명한 TV 칼럼니스트 '데이비드 브링클린'의 말에서 찾을 수 있었다. "성공(成功)하는 사람이란, 남들이 자신에게 던지는 벽돌로 튼튼한 기초를 쌓는 사람이다." 데이비드 브링클린의 말을 통해 역경을 이겨낸 사람은 경력을 쌓을 수 있고 그 경력이 현재와 미래의 삶을 보증해 주는 계약서와도 같다는 생각을 하게 되었다.

아마도 저자의 퇴사 얘기에 "우리 괜찮아."라는 아내의 말에는, 그동안 함께 살면서 내가 역경을 겪어내며 쌓아온 경력에 대한 신뢰가 녹아 있었을 것이다. 회사 생활을 하면서 겪었던 대부분의 역경은 남들이 나에게 던진 아픈 말과 마음에 들지 않았던 일, 부정적인 피드백, 부서 이동 등 내 의지와는 관계없는 일들이었다.

이러한 역경을 이겨낼 수 있었던 나의 회복탄력성도 남들이 나에게 던진 역경의 벽돌들을 잘 받아내고 차곡차곡 쌓아 온 경험이 기반이 되었다고 생각한다. 이렇게 형성된 회복탄력성은 현재와 미래의 삶을 잘 살아낼 수 있는 튼튼한 기초가 되어 주리라 믿는다. 만약, 회사를 그만두고 싶다는 생각이 든다면, 그동안 쌓아 놓은 역경의 벽돌로 얼마나 튼튼한 경력의 기초를 만들었는지 점검해 보고, 정말 든든한 기초가 만들어져 있다고 판단된다면 그때 퇴사를 결정하자.

역경의 벽돌로 회복탄력성 높이기 Tips

- 외부에서 던지는 역경의 벽돌을 차곡차곡 쌓아 나의 경력으로 만들기

나에게 질문하기

- 경력이 된 역경은 무엇인가?
- 역경을 경력으로 바꾸어 낸 나에게 칭찬의 말을 해 준다면?
- 내 안의 '남들이 던진 벽돌들'은 지금 나에게 어떤 영향을 미치고 있는가?
- 남들이 던진 벽돌'이 나의 회복탄력성에 힘을 더하게 하려면, 나는 무엇을 바꾸어야 하는가?
- 나의 변화를 위해 누군가의 도움이 필요한 부분은 무엇이며, 주변에 도움을 요청할 사람은 누구인가?

♣ 회복탄력성이 높은 사람 따라하기

우리 중 아무리 강한 사람도 극도로 나쁜 환경에서는 살아남기 힘들며, 아무리 약한 사람이라도 어떤 환경에서는 강한 사람들보다 위기를 잘 극복할 수 있는 회복탄력성을 발휘할 수 있다. 그렇다면, 회복탄력성이 높은 사람은 어떤 특성을 보일까? 다음의 회복탄력성이 높은 사람들의 특성을 통해 살펴보자.

회복탄력성이 높은 사람의 특성

특성	설명
환경에 지배당하지 않는다	위기를 딛고 삶을 가치 있게 일구어 나가며 자신의 현재 삶에 만족해하고 행복감을 느낀다.
진정한 애정을 쏟아 준 사람이 있다.	주변 사람들과 바람직한 관계를 맺고 그들로부터 도움을 받으며, 자신을 희생자로 보지 않고 운명의 주체로 여긴다.
자기 효능감이 높다	문제를 자신이 해결할 수 있다는 신념이나 기대감을 가지고 있으며, 세상에 영향을 끼칠 수 있다는 확신을 의식적으로 갖고 있다. 어린 시절부터 성공체험을 가지고 있다.
빨리 회복한다	심리적으로 단단하지 않고 탄력적이며 낙관적이어서 걱정을 많이 하지 않는다.
감정 억압으로 절망감을 극복한다	고통을 있는 그대로 받아들이며, 힘든 기억, 소식, 걱정이 자신을 파괴하기 전에 그런 부정적 감정들을 밀어낸다. 감정을 억지로 억압하지 않고 자연스럽게 다른 곳으로 주의를 돌려 감정을 전환한다.
시련을 성장의 디딤돌로 삼는다	어려운 일을 겪은 후에도 자신에게 도움이 됐던 경험이라 여기며, 자신의 회복탄력성이 강해졌다고 느낀다.

♣ '회복탄력성 강화하기' 문장완성 연습

미국의 심리학자 너새니얼 브랜든은, "자존감은 삶의 도전에 직면했을 때 필요한 기본적인 자신감인 자기 효능감(self-efficacy)과 자신이 행복을 누릴 만한 가치가 있는 사람이라고 느끼는 자기 존중(self-respect)"이라 하였고, 자기 효능감과 자기존중의 결과물이 자존감을 이루는 여섯 기둥(의식적 삶의 실천, 자기 수용의 실천, 자기 책임의 실천, 자기주장의 실천, 목적이 있는 삶의 실천, 자아 통합의 실천)이라고 주장했다. 여기서, 자기 효능감은 자신의 현실적인 문제를 파악하고 해결하는 능력에 대한 자신감이고, 자기 존중은 자신의 살아갈 권리, 행복한 권리가 있다는 긍정적인 태도로 자신의 가치에 대한 확신을 뜻한다.

나와 소통하는 자존감 높이기 연습을 통한 회복탄력성 강화
문장완성 연습

다음의 문장들을 완성하는 연습을 몇 주 동안 매일 하다 보면, 회사, 가정, 친구 관계에서 자존감 향상과 함께 생산성과 효과적인 대인 관계를 경험하게 된다.

회사에서의 문장완성 연습 예문
오늘 내가 일과에서 5퍼센트만 더 자기수용을 실천한다면, ____________.
오늘 내가 5퍼센트만 더 스스로 책임을 진다면, ____________.
오늘 내가 5퍼센트만 더 자기주장을 한다면, ____________.
오늘 내가 5퍼센트만 더 목적 의식을 지니고 산다면, ____________.
오늘 내가 5퍼센트만 더 높은 자아 통합성을 발휘해 일한다면, ____________.
오늘 내가 5퍼센트만 더 의식적으로 일한다면, ____________.

가정에서의 문장완성 연습 예문
오늘 내가 나의 가족을 위해 5퍼센트 더 노력한다면, ____________________.
오늘 내가 나의 아내와 어제보다 5퍼센트 더 대화를 한다면, _____________.
오늘 내가 아이들에게 5퍼센트 더 관심을 쏟는다면, ____________________.
오늘 내가 부모님의 건강을 5퍼센트 더 생각한다면, ____________________.

친구 관계에서의 문장완성 연습 예문
오늘 내가 친구의 말에 5퍼센트 더 귀 기울여 듣는다면, _________________.
오늘 내가 친구에게 5퍼센트 더 서운했던 일을 얘기한다면, _____________.
오늘 내가 친구와 5퍼센트 더 의미 있는 시간을 보낸다면, _______________.
오늘 내가 친구와 5퍼센트 더 꿈에 대한 얘기를 한다면, _________________.

에필로그

> 역경이라는 것은 자기의 마음대로 되지 않는 것을 이름이요, 순경이라는 것은 마음대로 되는 것을 말함이니, 사람들은 역경에서 울고 순경에서는 웃는 것이거니와, 역경과 순경에 일정한 표준이 있는 것은 아니다.
>
> 갑(甲)에게 역경인 것이 을(乙)에게는 순경이 되는 수가 있으니, 동일한 동풍이지마는 서항(西航)에는 순경이 되고 동항(東航)에는 역경이 되는 것이요, 동일한 춘우(春雨)이면서 농부에게는 순경이지마는 여행자에게는 역경이 되는 것이다.
>
> [한용운 / 님께서 침묵하지 아니하시면]

언젠가 회사 생활을 하던 중, 에너지가 완전히 소진되어, 회사생활을 접고 싶을 때가 있었다. 정신과 육체 모두 너무 힘들었다. 두통이 심해져 일을 하기는커녕, 잠도 잘 수 없는 상태였다. 정말 회사를 그만두고 싶었고, 진지하게 회사원에서 프리랜서로 독립하겠다는 생각을 하고 있던 나에게 아내는 당장 회사를 그만두기보다 병가를 신청해 보는 것은 어떠냐는 제안을 했다.

한 달 반 정도의 병가 기간 중 아내와 나는 아예 해외로 나가 생활 환경을 바꿔 보기로 하고 베트남으로 가족여행을 떠났다. 베트남 여행은 2주 동안 다낭과 호이안이라는 도시에서 먹고 자며, 관광과 휴식이 전부였다.

아내와 나의 역발상은 사직서 대신 병가를 선택하게 했고, 해외여행으로 몸과 마음을 리셋할 수 있는 기회를 만들었다. 그런데 역발상의 사례는 베트남 여행 중, 다낭에서도 만날 수 있었다.

사례의 주인공은 베트남 다낭에서 한국인을 상대로 스테이크 장사를 하는 '핑크 ★타'라는 스테이크 전문 식당이었다. 물론, 현지인들에게도 음식을 파는 곳이긴 하지만, 우리 가족이 갔던 날에도 90% 이상 한국인들이 자리를 차지하고 있었고, 평일이었기에 더욱 놀라운 광경이었다. 그야말로 역발상의 성공이었다. 대한민국이 아닌 해외에서 대한민국 여행객을 주고객으로 스테이크 식당을 한다는 이런 기가 막힌 역발상이 대박으로 이어질 수 있는 기회를 만들었던 것이다.

베트남 여행의 끝은 주말 이후, 바로 출근으로 이어졌다. 퇴사 대신 선택한 병가와 베트남의 '핑크 ★타'는, 역발상으로 현실을 다르게 볼 수 있는 기회와 혜안을 선물해 주었다. 부정적인 상황을 긍정적으로 생각하는 역발상에 정답은 없다. 하지만, 다음과 같은 질문과 답을 하는 연습이 상황을 바꿀 수 있는 기회를 만들어 주는 힘이 될 수 있다.

지금부터 다음 질문들과 함께 기회를 만드는 힘을 키워 보자.

- 지금 견디기 힘들 정도로 힘든 상황인가? 상황을 반전시킬 수 있는 기회다.
- 슬픈가? 기쁨을 더 크게 느낄 수 있는 기회다.
- 지치는가? 쉼이 필요한 순간임을 알 수 있는 기회다.
- 일이 뜻대로 되지 않는가? 일을 되짚어 볼 수 있는 기회다.
- 실패했는가? 다음 성공을 위한 방법을 알 수 있는 기회다.
- 건강이 좋지 않은가? 원인을 찾아 건강해질 수 있는 기회다.
- 무시당했다고 느끼는가? 나를 깊이 돌아볼 수 있는 기회다.
- 길을 가다 넘어졌는가? 걸림돌을 보지 못한 이유를 찾아 다른 사람에게도

알려줄 수 있는 기회다.

'위기가 기회'라는 누구나 하는 뻔한 말이 진리가 되는 것도 내 선택의 결과이기 때문이다. 그렇지만 무조건적인 긍정은 오히려 현실에 투항해서 사는 힘없는 전사의 모습이 될 수 있기 때문에, 자신의 상태와 주변의 상황을 제대로 살펴야 한다. 때로는 타인의 시선으로 나를 볼 수도 있어야 하고, 오롯이 나의 모습만을 살필 수도 있어야 한다.

모든 문제가 나로부터 시작한다고 하지만, 나와의 소통이 없다면 문제의 시작이 무엇인지도 알지 못한다. 하물며, 타인과의 문제는 더 말할 필요도 없지 않은가. 책을 마무리하며, 나와의 '소통'이 바로 나의 상태와 현실을 유연하게 살피고 대처하며 살기 위한 가장 중요한 삶의 태도이며 과정임을 강조하고 싶다.

행복한 인생전환 수업

나는 내 멋대로 살기로 했다

2019년 12월 6일 1판 1쇄 인쇄
2019년 12월 13일 1판 1쇄 발행

지은이_최성남
펴낸이_정영석
펴낸곳_마인드북스
주 소_서울시 동작구 양녕로25길 27, 403호
전 화_02-6414-5995 / 팩 스_02-6280-9390
홈페이지_http://www.mindbooks.co.kr
출판등록_제25100-2016-000064호

ISBN 978-89-97508-56-3 03190